나의
건축
온도

송 원 흠

독자에게

　세상은 긍정의 힘으로만 움직인다고 할 수 없다. 오늘을 살아가면서 짊어진 삶의 무게를 견딜 수 있는 이유는 사색이 가져다 준 힘인지도 모른다. 누구나 단 하루도 생각 없이 살아온 날들이 없기에 각자의 삶에는 독보적인 형태의 지혜들이 보이지 않게 살아 숨 쉬고 있다. 비록 누구보다 더 빛나거나 화려하지는 않더라도, 내 공간 속에서 보석 같은 진정성과 나만의 철학이 가득하다고 믿는 것이 중요하다.

　나는 1994년부터 건축설계 일만 해오고 있다. 내 자신이 감당하고 있는 것이 대단한 일인 줄 알았지만, 시간이 나에게만 빠르게 흐른 것이 아니란 걸 깨닫고 난 뒤로 내 자의적 생각과 창의적 사고들을 다시 한 번 반성하게 되었다. 고등학생 시절 교지를 편집하면서 글 쓰는 일에 흥미를 느끼고 난 이후로, 건축설계 일을 하는 지금까지도 글과 인연을 이어가고 있다. 이 인연은 건축주들에게 설계할 건축물에 대한 나의 생각과 의도를 표현하는 방법이 되기도 하였다. 모든 일이 그렇듯이, 건축 또한 나 혼자만 할 수 있는 창작의 직업이 아니기에 상상과 이상을 현실과 어느 정도 타협해야 한다. 그래서 때로는 견해 차이와 여러 가지의 이유로 인해 시작조차 못하고 인연이 끝나버리는 경우도 종종 있었다. 그러나 수십 년 동안 같은 일을 하면서 느끼게 된 것은 혼자 있는 시간이 일리 있는 사색의 기회가 되었다는 것이다. 짧고 간단한 일상의 이야기와 건축에 대한 주관적인 시선을 통해 바라본 것들을 나열하면서 작은 모래알 같은 생각의 조각들을 책 안에 담았다. 내 머릿속 생각들을 남에게 보여주는 것이 부끄러운 일일지도 모르겠지만, 어쩌면 '이 세상을 함께 살아가고 있는 내 주변의 사람들에게 작은 도움이 될 수 있겠다.'라는 생각으로 용기를 냈다. 사무실에서 작업을 하며 그리고(drawing) 있는 도면 속 공간의 타당성을 검토하고, 남은 시간에는 양평의 작은 작업실에서 혼란스러운 일들을 잠시 내려놓는다. 이때 느끼는 소외감과 사람들 이야기가 말하는 그들 내면의 진정한 소리를 통해 내가 소중한 것들을 놓치지 않았는지 다시 한 번 내 스스로를 성찰하기도 했다.

올해 아버지께서 긴 투병 생활을 마감하고 먼 안식의 나라로 떠나셨다. 나를 키워주신 부모의 흔적을 돌아보니, 내가 할 수 있는 것은 부모가 마지막 길을 떠날 때 잠시 울어주는 것이 전부였다.

이제 나를 돌봐줄 수 있는 사람은 내 자신밖에 없다는 사실을 다시 한 번 깨닫는다. 내가 나에게, 그리고 남에게 줄 수 있는 게 있다면 얼마나 감사한 일일까. 나를 채우려 애쓰기보다 먼저 나를 비워내야 한다. 건축을 통해 그 누구보다도 내 자신이 더 행복할 것이란 걸 배웠기 때문이다. 2010년부터 여러 대학에서 강의를 하면서 젊은 친구들에게서 많은 것을 배울 수 있었다. 나이와 학력은 지식과 지혜에 아무런 영향을 주지 못한다. 이 책은 누군가의 삶을 바꾸는 철학서도, 학습서도 아니다. 나의 현실이 만들어 준 사색의 시간 속에서 일어나는 아주 단편적인 내 생각이면서도 흔들리는 하루를 살아가는 사람들이라면 모두 공감할 수 있는 평범한 이야기 모음이다. 아직 다가오지 않은 내일의 일들을 그 누구도 알 수 없듯이, 이 책은 오늘을 살고 또 내일을 준비하는 우리 모두가 마주할 수 있는 오늘의 이야기를 담은 평범한 에세이다. 틈틈이 준비한 스케치는 우리의 일상적인 모습들을 아직 닫히지 않은 마음속 공간과 창을 통해 바라본 건축가의 시선으로 그려냈다. 낯설고 이기적인 것이 아닌, 가장 보편적이면서 지극히 평범한 것이 결국에는 나를 성숙하게 하는 디딤돌이 된다는 것을 깨닫고, 이 책과 함께 많은 이들이 휴식 같은 작은 시간을 보낼 수 있기를 바란다.

송 원 흠

CONTENTS

PART 1
버틸 수 있는 것으로도 충분하다

그리우면 그리운 대로 그냥 두자	17
나그네가 되어 길을 떠나고 싶다	22
만나고 헤어지는	25
머물고 싶은 나를 찾아서	28
공(空)과 간(間)	30
길	32
뒤돌아볼 수 있는 용기가 필요하다	34
마로니에 공원을 거닐다	36
동선(動線)	39
내 마음의 개구부를 뚫고서	41
빛의 찬가를 부르다	44
극도로 개인적이어야 한다	47
손끝에서 시작된 건축	50
집	54
비울수록 채워지는 공간	57
늙지 않는 공간 만들기에 돌입	59
빈둥거리다	61

숨과 숲의 각별한 관계	64
보이드(Void)와 솔리드(Solid)	66
사람의 향기 피어오르다	69
프롤로그	71
'경계'는 못 넘는다	73
담아야 할 여러 가지 것들	75
창에 대한 결정적인 단서	77
다리 4개 그러나 외로운 의자	79
손	81
인연 0915	83
기다림	86
진정성(Sincerity)을 가질 수 있는 조건들	89
창(두 번째)	93
마음의 기차를 타고	96
건축의 타당성에 대한 변명거리	99
나무와 비에 대한 감상문	102

PART 2

그래도 나를 버릴 순 없다

거실은 마음을 누르는 운동장이다	107
숲은 금(金)인 게 확실하다	109
잠에 대한 예찬록	112
누군가를 앉힐 수 있는 조건	114
불꽃은 화려하지 않아도 된다	116
집 이야기	118
처마로의 기행	120
밥을 짓는 것은 집을 짓는 것보다 중요하다	123
아주 사적인 툇마루	126
그 사람	129
교감(Communion)하기 좋은 수업	130
어머니의 밥상은 겸손하다	132
봄의 온도	134
나의 여름 이야기	136
비	137
비밀의 숲으로 가는 길	139
얼룩을 지우다	141

그림자의 길이에 대한 결론	143
마음의 용적을 채우다	145
민태식 선생님에 대한 집착	147
꽃이 꽃에게	150

PART 3

다만
생각나지 않을 뿐이다

정상에 서다	153
흔들리고 있다는 것은 살아있다는 것이다	155
변심은 나와 무관하지 않다	157
배롱나무에게 보내는 편지	159
멈출 수 없게 하는 것들	161
빛, 나를 흔든다	164
길모퉁이를 돌아 나오다, 문득	166
하루에 하나씩만 상상하자	168
숨과 마시멜로	170
생각하기 싫은 게 아니라 침묵하는 것이다	172
링크(Link)	174
막대자로 잴 수 없는 것은 모두 거짓이다	175
모나드의 해칭(Hatching)	178
신문로 2가 풍경	180
동네 글방에서 밖을 내다보다	182
마중	185
비상구로 뛰어가는 까닭	187

유리가 유리에게	189
중심(中心), 흔들리다	191
노출의 잔상	193
사색에 나를 태우는 법	196
사색(死索)에 빠진 사색(思索)	197
도시 사용법을 기억하자	200
약속과 계약은 같은 말일까	202
평행선에서 만나다	204
만남은 늘 벅차야 한다	206
겨울, 다시 그 겨울이 왔다	208
건축의 온도를 재어보았다	210
공간 한 평, 마음 한 평	213

PART 4

이미 난
잘하고 있다

건축가의 뜰은 쓸쓸하다	217
마음의 양감(Mass)을 논하다	220
휴휴자적(休休自適)	222
지붕 없는 도시에 서다	224
내가 고른 내 마음의 메뉴(Menu)	226
인연의 길이	228
주목받는 인생이고 싶다	230
치열한 공간게임	233
'별 헤는 밤'과 '책 헤는 밤'	235
아무튼 해(日, Sun)보려고 한다	238
소소하하(小小嚇嚇)	239
정작, 나는 건축가라고 말할 수 있는가	242
추신(P.S. Postscript)	244
별을 보면 혼란스럽다	246
도시의 층(Layer)	248
기적 같은 하루란 없다	251
서울 변방 건축사로 오늘을 산다는 것	253

성공보다 성숙이 먼저야	**257**
이기는 건축과 이기적인 건축	**260**
공간의 품격에 반하다	**263**

PART 1

버틸 수 있는 것으로도
충분하다

그리우면 그리운 대로
그냥 두자

내 행동을 지배하는 것은 언제나 내 마음에서 시작되었다. 마음을 움직이게 하는 것은 결국 '공감'과 '감동'이 있을 때 가능하고 실행 가능하다. 때로 나를 움직이게 하는 감성은 예고도 없이 나도 모르게 다가온다. 마치 첫사랑처럼.

10년도 더 된 영화 한 편이 떠오른다.

'음악과 건축'. 같은 예술이면서 건축학도와 음악도 두 사람의 젊은 청춘 이야기를 필름에 담은 〈건축학개론〉은 풍경화처럼 잔잔히 마음을 가라앉힌다. 누군가의 사랑이야기 속에 낯설지 않은 언어들이 나의 어제 일처럼 스치며 잠시 숨을 멈추게 한다. 주인공 서연은 대학시절 캠퍼스에서 순수한 추억을 쌓고 훗날 건축가가 된 승민에게 제주에 집을 짓는 일을 맡기면서 끊어졌던 인연은 건축이라는 매개를 통해 다시 시작된다. 누구나 한 번쯤 겪게 되는 첫사랑 그리고 이루어지지 않는 그리움을 가슴에 담고 살아왔다. 지금도 1학년 2학기 주택설계 강의를 맡게 되면 학생들에게 이 영화를 보고 느낀 점을 소과제물로 제출하게 한다. 건축은 스스로를 그 공간 속에 넣고 그 시선으로 바라보아야 진정한 의미를 만들어낼 수 있다. 영화가 끝나자마자 무언가를 당장 그려내야 할 것 같고 상상 속의 집 한 채를 실제로 지을 수 있을 것 같은 생각마저 든다. 건축이란 이렇게 작은 동기부여 속에 자신에게 지금 무엇이 필요하며 자신이 건축을 꼭 해야만 하는 이유를 스스로 찾아가는 학문이다. 지금은 미약해 보일지라도 아직 오지 않은 내일 자신의 자리를 먼저 생각하고 찾아가는 것만으로도 충분한 계기를 만들 수 있다.

짓는 것과 소유하는 것은 엄연히 다르지만 누구나 한 번쯤은 드라마틱한 영화 속의 주인공이 되고픈 희망 하나쯤은 있을 것이다. 영사기에서 나온 필름처럼 우리의 시간도 이렇게 많은 것을 담아내며 어디론가 흐른다. 건축을 막 시작한 학생으로서 '나도 의미 있는 건축물을 만들 수 있다.'라는 생각을 갖게 하는 게 가장 큰 목적이다.

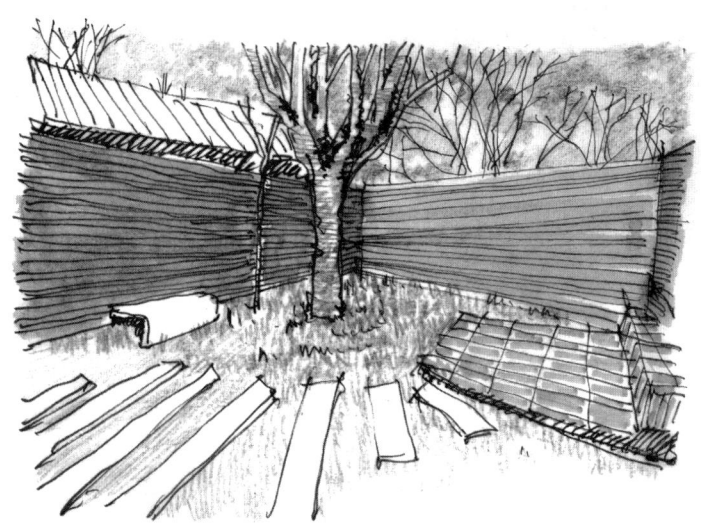

구둔역 〈고백의 정원〉을 보면 누군가에게 속내를 드러내며 생각들을 모두 내놓아야 할 것 같은 느낌. 처음엔 형상도 없는 건축은 그리움에서부터 시작하여 기찻길 선로처럼 끝없이 달려가는 과정에서 완성되는 것일지도 모른다. 내가 출발하는 역은 다르지만 바람을 등에 업고 끝없는 저 레일 위를 세차게 달려가고 싶다.

행동은 '설렘'에서 시작된다. 막연한 기대와 아주 조금 있는 소질을 가지고 건축을 시작했고 지금도 처음 보는 낯선 땅들을 펼쳐놓고 마지막 클라이맥스의 순간까지 누군가의 공간을 만드는 일, 아니 그보다 값진 선물을 만들기 위해 노력한다. 알지 못했던 사람이었던 그가 어떻게 살아왔는지 어떤 일을 하는지, 남은 시간에는 무엇을 하며 쉬는지, 어떤 색을 좋아하는지까지 궁금해하면서 스토리가 있고 그 사람의 하루를 모두 담아낼 수 있는 건축을 만들어야 한다. '쓸모 있는 공간'을 만들지 못하면 집은 그저 요란한 철 그릇에 불과할 뿐이다.

값에 관계없이 모든 집은 산, 나무, 그리고 길과 함께 나란히 서 있을 때 온전한 공간으로 완성되고 홀로 외롭지 않게 존재하게 될 것이다. 건축가의 일방적인 욕심과 건축주의 생각만으로는 결코 완벽한 공간은 만들어지지 않는다. 결국 건축이란 '사람과 사람'을 이어주는 일이기도 하다.

이 영화 속 두 주인공처럼 극적인 스토리로 매듭지어지지는 않더라도 건축에는 '사람의 숨소리'와 바다도시가 함께 부는 바람소리도 들려야 한다. 풀지 못할 숙제로 남을 수도 있지만 그런 이유들로 인하여 '쓸모 있는 공간'이 되기까지 건축가의 몫은 클 수밖에 없다. 도시 밖의 집은 담을 수 있는 것이 너무 많다. '건축학개론' 속에 숨어있는 공간의 '진심과 진정성'은 건축이 하나의 공간으로 만들어질 때까지 계속되어야 한다.

가녀린 피아노 선율이 집 안을 온통 채웠다. 종일 몸살을 하고 돌아온 첫사랑에게 달콤한 휴식을 선물할 생각으로 건축가는 모래알 같은 지식들을 가득 모아 한줄 한줄 선을 조심스레 놓아야 한다. 알 수 없는 내일을 앞두고 전혀 일방적이지 않은 솜씨로 그 사람을 위한 '선물'을 꺼내놓으며 내 '관심'도 그려야 한다. 모순과 거짓들이 즐비한 세상이지만 비겁하지 않고 비뚤지 않게 서 있는 모습으로 서로를 쓰다듬으며 상처를 닦아주고 위로하는 것이 건축이다. 그래서 세상을 걷다가 얻은 '흉터'를 치유하고, 뛰다보니 얻은 '상처'를 안아주고, 줄줄 흐르는 '눈물'을 만져줄 수 있는 그런 공간을 만들어야 한다.

아픔을 막아주는 담과 벽들이 되어 그 곁을 지키는 따사로운 공간이어야 한다. 그리우면 그리운 대로 곁에 두자.

나그네가 되어
길을 떠나고 싶다

태어날 때를 기억하진 못하지만 훗날엔 하늘이 정해진 순서대로 줄을 지어 다시 그곳으로 돌아가겠지. 삶. 주어진 외길 위에 나그네처럼, 이방인처럼 변방을 누비며 긴 여행을 한다. 지금은 그 긴 여정의 어디쯤이겠지. 유년을 지나 청년이 되고 다시 장년이 되어 내가 머물던 곳과 해왔던 일들에 대한 반성이 다시 또 무엇인가를 회상하고 준비하게 한다.

무채색을 좋아하지 않았지만 어느 순간부터 도시의 무채색에 물들어 버렸다. 내 주변에 일어나고 있는 크고 작은 일에 대해 '정화'를 시도하지만 때로는 이것이 부작용이 되어 너무 쉽게 타협하려는 법을 나도 모르게 배운 것이다.

일관성 있게 살고 있고 내일도, 그 다음날도 그러하겠지만 남아 있는 인생의 대부분을 주관적으로 선택하고 집착하며 살아야 할 텐데 이 또한 만만치는 않을 것이다. 그래서 늘 나뭇가지처럼 이리저리 흔들리고 꺾이고 생채기가 나기 일쑤다. 마음을 '다스리는 법'과 또 '마음을 비우는 법'을 소화하고 익숙해지기 위해서 어떤 시선으로 걸어가야 할지를 정해야 한다. 산사의 노승도 감당해 내기 힘든 인생길을 건축가가 손수 꾸려가기엔 이 길은 무척 척박하기 짝이 없다.

중고서점에 들러 읽지 않을 책 옆에서 빈둥빈둥거리는 시간이 잦아진다. 여유가 있어 그런 것도, 책을 아주 좋아해서도 아니다. 마음이 불안해서다. 마음 둘 곳이 없어 생긴 아주 찜찜한 습관이다. 종잡을 수 없이 흔들리는 내 마음을 동여매기 위해 책 한 구석에 나를 끼워 넣고 오리라. 아등바등 애를 써보아도 쉽게 해결되지 않는다는 것을 알기에 마음이 시키는 대로, 몸이 가는 대로 내버려두고 싶은 날들도 있다. 오늘처럼 세상에 어쩔 수 없이 통제당하고 스스로를 가두기도 하지만 아무것도 바꿀 생각조차 않고 살아가고 있다는 것이 아찔아찔하다. 안주하려는 것도 아닌데 늘 제자리에 있다는 사실에 호흡도 빨라진다.

건축사사무소에서 일을 시작하고 지금까지도 나는 지우개가 달린 노란색 D연필을 좋아해왔다. 연필의 살갗이 깎이면서 나는 소리와 흑심이 손질될 때의 사각사각한 그 느낌이 좋다. 검은 연필가루가 내 코로 들어오면서 흑연의 냄새와 가루들이 나를 더 자극한다. 볼품없는 몰골에 예나 지금이나 도면을 그려내는 일을 수년째 하다가 용케 면허를 받아들였지만 아직도 나를 위해 작은 사치 한 번을 누려본 적 없다. 그도 그럴 것이 건축가는 절대 혼자서 설 수 없는 직업이기에 일을 맡긴 의뢰인과 집을 완성해줄 이가 없다면 내 도면은 쓸모없는 종이로 사장되기 때문이다. 어쩌면 반쪽짜리 예술가일지도 모른다. 생각해보면 모든 일들이 다 그렇다. 물건을 사는 사람이 있어야 팔 수 있고, 아픈 사람이 있어야 치료하는 사람이 필요하고, 웃기는 사람이 있어야 또 웃는 법이니까.

내가 서 있는 이곳은 손을 놓고 머물러 있을 수 있는 곳이 아니다. 그렇다고 내가 어디론가 떠난다 해도 나의 속도만큼 시간과 여유가 따라오는 것도 아니다.

'공간의 소리'와 '시간의 소리'를 들으며 쉼 없이 가야 한다. 나는 나대로, 시간은 시간대로 소신을 지키며 각자의 법칙을 따라간다. 그러다 목적을 이룰 수도 있고 방랑의 생활을 더 할 수도 있지만 언젠가 삶을 정의(定義)할 때가 되면 나의 '몰입'의 시간도 끝날 것이다. '완벽'이 아닌 '완성'의 정점에서 비로소 꿈꾸던 창조의 공간으로 도착하게 된다.

만나고 헤어지는

〈관계〉

　겨울이 가까워지니 저녁 해가 서둘러 일과를 마무리하려고 한다. 하늘과 인연이 더 많은 태양은 다음을 기약하며 거침없이 산을 넘는다. 많은 것을 남기고 또 다른 새벽을 부르기 위해 몸을 뉘러 간다. 뜨거운 차 한 잔을 들고 첫 별이 오는 길목. 16층 옥상정원 툇마루에 다리를 포개어 앉아 밤을 기다린다. 당연한 것이지만 내 주위의 모든 것들도 링크('네트워킹'의 의미)되어 하나로 엮여 있다. 그중 나도 끼여 있다. 나와 연(然)이 된 사물과 사람의 숫자는 셀 수 없을 정도로 어마어마할 것이다.

　사람의 감정이란 늘 변하는 것이고 잊으려 해도 잊히지 않고 늘 한결같이 마음 한 켠에 남아 있다. 처음과 끝이란 존재하지만 알 수 없을 때가 사람과 사람을 이어주는 것 중 '공감'이라는 감정이 대부분의 생각을 지배한다. 그러다 나의 소중함보다 상대방의 소중함이 더 크다는 것을 알게 될 때 관계는 새로운 단계로 올라설 수 있다.

"그리워 했습니다", "보고 싶었습니다"

사랑하는 사람은 늘 가슴에 새긴다. 향기며, 목소리며 작은 미소까지도 담아둔다. 만날 때도 헤어질 때도.

관계가 관심이 된 후 의미를 부여하고 특별한 인연으로 자리매김하게 된다.

집들도 모두 그러한 것은 아니다. 프랭크 로이드 라이트의 '낙수장'은 언제 보아도 내 시선을 끌기에 충분하다. 그리들리 전화사(Gridley Telephone Company)의 대표인 로저스 카프만의 집을 라이트가 설계한 것인데 산 속에서 느끼는 그의 수평적 정숙함보다는 나무의 키와 물의 높이에 맞게 공존을 이야기한다. 물 위로 팔 벌리듯 뻗은 건물은 나무 곁으로 다가가려 한다. 종일 박수치듯 흐르는 저 작은 폭포소리는 온종일 그들의 만남을 공유하며 매일매일 잔치하고 있다.

  증발되지 않고 숲과 나무와 함께 자리 잡은 이 절묘한 관계를 유지하는 법을 배운다.

머물고 싶은
나를 찾아서

나는 유년시절 풀벌레 우는 농촌에서 자라다가 아버지를 따라 낯선 서울로 오게 되었다. 오자마자 이 거대 도시는 나를 자극하기에 충분했지만, 며칠 지나지 않아 주눅이 들고 서툰 서울말을 쓰는 자신을 부끄러워하고야 말았다.

1년에 두 번 있는 방학이 되면 큰 누나가 있고 나를 길러준 작은 마을에 대한 향수로 기차를 타고 고향으로 내려갔다. 부모님과 함께 살던 그 작디작은 방은 케케묵은 메주 냄새가 아직도 나는 듯했다.

넓지 않은 널마루에 누워 귀를 기울이면 언제나 대나무 떠들던 소리는 나를 잠으로 이끌기에 충분했다. 앞산에서 불어오던 그 산바람과 딸랑딸랑 워낭소리와 일을 마치고 돌아오시는 아버지의 구수한 얼굴도 다시 그리워진다.

작은 시간들이 세월이 되어 마흔도 훨씬 지난 지금, 아직도 그 기억을 잊을 수 없다. 아버지가 피운 모깃불 연기가 마당을 가득 메우고 여름 더위와 동침하던 집 앞에는 셀 수 없는 별들이 나를 뚫어지게 내려다 보고 있었다. 두 살 차이 막내 누나와 뒷집 감꽃으로 실목걸이를 만들며 하나씩 그 꽃잎을 빼먹던 그때가 아직도 그립다.

쇠죽을 끓이던 무쇠솥의 입김이 천장에 세차게 닿을 때쯤 집 안에는 감자 익는 냄새가 진동을 한다. 정겨운 추억의 공간들이다. '변소'와 '두지'는 이제 나를 지탱하게 하는 마음의 디딤이 되었다. 돌아갈 수 있다면 한 번 더 그때의 삶에 들고 싶다.

공(空)과
간(間)

나에게 어울리는 자리를 찾는다.

　나를 위한 준비가 부족하여 아직은 나에게 어울리지 않는 곳에 머물고 있지만 어색하기 그지없는 이곳을 벗어나기 위해 자세를 낮추어 본다.

　집이라는 공간의 틈 속에는 또 다른 작은 공간들을 연출해 내는 것에서부터 그 공간을 차지하기 위하여 내 의지와 상관없는 일들도 생겨난다. 그래서 벽(壁)이라는 것으로 아버지의 방을 만들고 또 하나의 벽을 만들어 어머니의 방을 꾸민다.

관심이 있는 집, 관찰을 하고 싶은 집, 내 마음의 기준이 되는 집. 나의 집은 그런 집이고 싶다. 건축적 호감을 만들 수 있는 집 하나를 이 땅 한가운데에 세우리라. 세상에 변하지 않는 것이 어디 있겠느냐마는 마음의 중심이 되는 들꽃 같은 건축공간에 있고 싶다.

길

나에게 길이란 공간으로 가는 단 하나의 지름길이다.

나를 품고 또 누군가를 맞이하기 위하여 앞을 틔우고 적당한 만큼의 길이와 폭으로 사람을 안내한다.

지금까지 나에게는 두 가지의 길이 있었다. 집을 짓기 위한 길과 살아남기 위하여 약속한 나만의 길. 나와 인연이 된 무수히 많은 길들을 들여다보면 그 속에는 많은 '결심'들과 '좌절'들이 있었다. 지금 나는 집으로 오는 길 위에 서 있다.

내 마음을 치유해주고 다스리는 산책의 공원길 이외에도 마을과 마을을 잇는 신작로길, 채소를 키우기 위한 농로길처럼 아직도 내가 모르는 목적을 가진 길도 있다. 때로는 알지 못했던 사람들이 안내하는 길들이 나를 어딘가로 인도한다. 길은 언제나 알게 모르게 내가 한눈 팔지 않도록 이끌어준다. 마음과 마음을 이어주는 사색의 길도 정해놓은 목표치에 다다를 때까지 나를 지켜주는 것처럼 아무도 인정해주는 이 없는 등대 같은 벗이 되어 불을 밝히는 이로 남고 싶다.

길의 의미를 집 안에서 생각해 본다.

위층과 아래층을 연결하는 계단은 가족의 안부를 묻고 휴식을 위한 길이며 작은 복도는 나와 내 아이의 마음을 연결하는 길이다.

오늘
나는 보이지 않는 이 길의 의미를 찾아 나선다.

뒤돌아볼 수 있는
용기가 필요하다

2010년부터 대학에서 건축학개론과 법, 건축설계를 가르쳐 오고 있지만 정작 생각해보면 전해주어야 할 것은 그다지 많지 않다. '사실'을 알려주기보다는 '생각하는 법'을 가르쳐야 하는데, 갈 수 있는 방향을 제시하는 것이 그다지 쉽지는 않다. 도시를 읽는 법과 건축에 대해 건축인에게 알려주는 것은 당연하지만, 공간을 분류하고 공통적인 것들을 열거하여 전해주는 것은 사실 부담스러운 일이다. 제각각인 길을 볼 수 있는 혜안을 지도해내기란 누구에게나 힘든 일이라, 가장 보편적이며 가장 쉬운 길을 택하게 된다. 눈에 띄는 테두리 안에서의 길만을 강조하며 정작 '삶의 길'에 대해서는 충분히 채워주지 못하고 늘 학기를 마감하곤 한다.

건축물의 법적인 소유주는 명확히 있으나 전부를 소유하지 못하는 것은 건축이 공공재이기 때문이다. 흔히 영화관, 전시장에서 우리는 일정의 비용을 관람료라는 명목으로 지불하고 콘텐츠들을 공유한다. 이때 건축물이 만들어낸 공간을 방문자로서 쳐다보고 즐기더라도 별도로 비용을 지불하지는 않는다. 공공성은 어쩌면 특혜이며 당연한 것이다. 내 것이 아니어도 누릴 수 있는 것들은 주변에 참 많다.

건축가가 원하는 집, 건축주가 원하는 집이 하나로 탄생하기까지는 산모의 고통처럼 숱한 밤들을 겪고 난 뒤에야 비로소 생겨난다. 비좁은 밤과 새벽을 넘나들며 창작의 반복을 거치고 수십 번의 선을 긋고 지우는 수정 단계를 거쳐야 하기 때문이다.

창밖으로 밤빛들이 지나간다. '보이는 길'과 '보이지 않는 길'이 공존하며 생겨나는 건축적 현상이다. 누군가와의 동행을 필요로 한다. 낯선 곳에 다다를 때에 느껴지는 초조함과 불안감이 서로를 마주하며 가져다주는 힘을 봐야 한다. 그래서 '용기'란 언제나 준비하고 예측해 놓지 않으면 내내 질척이고 거칠 수밖에 없다.

지금 당장 선택의 여지가 있다면 다시 돌아가지 않기 위하여 무엇을 놓을 것인지를 걱정해 두어야 한다. 나에게 어울리는 법칙과 규율이자 외면받지 않을 지독히 매력적인 길을 만들어내야 한다.

낭중지추(囊中之錐)의 마음을 품고 십 년이 되어도 〈일 년이 된 듯, 일 년이 되어도 십 년이 된 듯〉 그런 한결같은 길 위를 걷고 싶다.

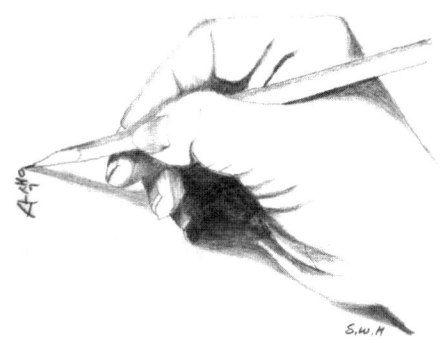

마로니에 공원을
거닐다

아주 힘센 비가 내렸다. 그리곤 붉은 벽돌건물의 짙은 색들이 축 늘어진 내 어깨 위에 내려앉았다. 그다지 심각한 것도 아니지만 빈 의자를 찾아 잠시 발길을 멈춘다. 머무르는 동안 이곳을 지나는 분주한 다른 걸음들을 구경하면서 또 다른 나를 본다.

눈앞에 보이는 잡화를 파는 상점들과 조잘거리는 젊은 커플들의 의미 없는 웃음소리가 낙엽처럼 거리에 수북이 쌓인다.

사색이 쏟아지는 오후.

지나가는 요란한 대화들이 골목 안 길까지 쫓아와 울려 퍼지고 나면 어제의 마음 숙제들을 풀어놓고 해부를 시작한다.

모든 것은 마음에서 시작되고 마음에서 끝을 맺듯이 도시가 재배한 현란한 간판들과 마로니에나무와 문화 포스터들이 아무리 흔들리고 퍼포먼스를 하여도 정체된 마음을 쓰다듬어주기엔 항상 부족하다. 그러나 헝클어진 마음을 정제해 주는 이 벤치 위의 시간이 내가 어떻게 다시 일어서야 하는지, 언제 일어나야 하는지에 대해 알려줄 것이다.

문득.

지하철 4호선 1번 출구인 여기를 찾은 이유가 있다. 마리오보타처럼 붉은 것들로 거침없이 치장하고, 프랭크게리의 댄싱하우스 건물처럼 건물을 춤추게 할 수 있을진 모르겠지만 이 서울이라는 도시에 자력으로 버텨내고 샅샅이 이 도시를 바라보는 법을 익히려고 왔다.

각이 진 창, 설 수 있는 발코니, 걸을 수 있는 옥상, 수생 연못 하나가 보이는 적당한 거실을 만드는 일. 내가 해야 할 일들이다. 새로운 정의를 내리기 위해 이 한적한 '공원'이라는 공간에서 또 다른 자아를 발견하는 것은 참으로 소중한 일이다. 대부분의 시간을 밀폐된 공간에서 누군가의 이익을 위하여 철저히 순응적으로 살고 있지만 묶여 있었던 내 두 손과 두 발을 풀어주면서 식지 않은 커피 잔과 건배하며 한참 머물다 갈 것이다.

〈비움〉으로 알게 된 공원. 수많은 공간 대부분을 차지하고 있는 빌딩 숲 사이 텅 빈 이곳은 그저 내가 빈둥거리기에 안성맞춤이며, 이 플라타너스 나무 아래에서는 새로운 에너지를 충전하기도 한다. 돌아갈 땐 내가 남긴 의자 위의 온기와 길 건너 시선을 교감하던 사람들의 영상으로 마음 한구석을 가득 채울 수 있을 것 같다.

아직 오지 않은 관계들이 오늘이 지나고 또 나에게 올 때쯤 나는 장막을 뚫고 밖이 훤히 보이는 창을 왜 내야 하는지를 당당히 설명할 수 있을 것이다. 어떤 것들을 내보내거나 받아들이기 위해서 한 층 더 훤칠하게 투명한 유리벽을 꽂을 수 있겠다.

돌아오는 길에는 내 모습을 스케치해 보기로 했다. 지하철, 버스정류소, 보행로, 그리고 이 공원. 내 주위에 늘 있었던 것들이지만 이들의 소중함을 한 번 더 기억하는 하루였다.

오늘, 짧은 사색의 시간은 나와 도시가 공존하는 법을 배우게 했다.

동선 (動線)

　누군가 나를 부른다. 불완전한 것들로 가득한 이 도시에 나 역시도 중심을 잃고 있다. 어디로 갈지에 대한 나침반이 필요하다. 방향을 잃고 머뭇거리는 상념들을 줄 세워보리라.

　도시가 흘러가는 것은 보이지 않는 무수한 동선들이 채우고 있기 때문이다. 문화의 동선, 가로의 동선, 그리고 사람의 동선. 모든 것을 만들고, 이어지는 도시의 생명줄.

　'움직임의 선'은 보이지 않는 또 다른 길이다. 학창시절 입이 닳도록 외워왔던 속도, 빈도, 하중의 3가지 요소들이 모두 도시라는 한복판에서 재빠르게 규칙을 만들어내고 있다. 얼마나 빨리 다다를 수 있는지의 〈속도〉, 얼마나 많은 사람이 갈 수 있는지의 〈빈도〉, 그리고 이동하는 것들에 대한 무게의 〈하중〉. 이 셋은 건축을 해석하는 아주 기본이 되는 각론적 요소이다. 동선을 풀어내고 프로세스의 길을 따라 설계 도안을 만들어 가는 가장 큰 핵심. 가령 집 안의 복도를 계획하는 데 있어서 그 복도의 폭을 정하고 어디에 둘 것인지에 대한 위치 선택과 몇 개를 두어야 할지에 대한 고민에서부터 건축해석이 시작된다.

도시도 마찬가지이다. 건축물과 가장 유기적인 관계가 요구되는 쉼터와 들어오는 길에 대한 배치는 막연한 생각으로 그려내는 것이 아니다.

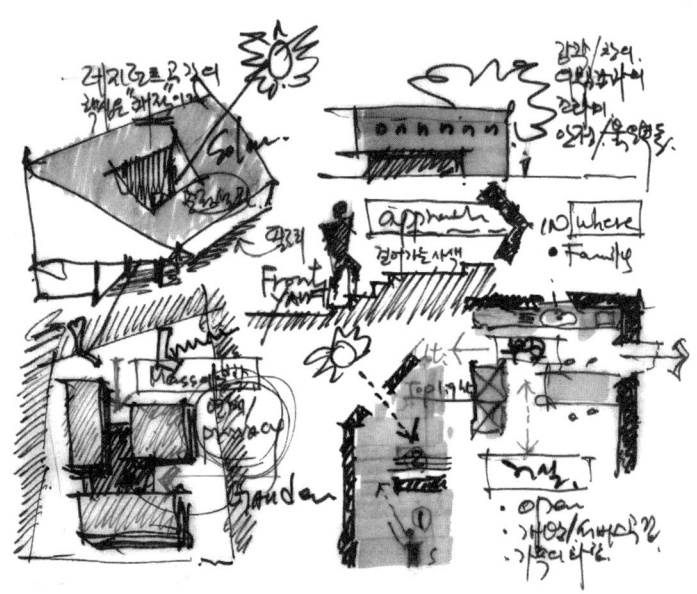

건축가와 도시의 관계란 이러한 '움직임'의 연속이다. 온 힘을 다해 손끝에 힘을 주고 이어지고 끊어진 서로의 관계를 설정하는 것이야말로 가장 보편적인 동선의 해석법인 것이다.

내 마음의
개구부를 뚫고서

마음이 닫히면 어떻게 될까? 오늘 오후 마음의 창으로 겨울처럼 차가운 바람이 들어온다. 몸도 흔들리고 마음은 나뭇가지처럼 더욱더 흔들렸다.

〈Off〉.
이럴 땐 스위치를 잠깐 끄고 친구인 휴식을 불러야 한다. 자칫하다가는 다시 회복하기 힘든 마음의 감기가 오고 온몸은 만신창이 멍울로 걷잡을 수 없을 정도로 망가지고 만다.

건축처럼 마음도 여닫을 수 있는 조절장치가 필요한 시기가 있다. 건축가는 집의 컨디션에 따라 추위와 더위를 조절하기 위해 개폐할 것들을 벽과 천장 속에 설치한다. 숨 막히는 현실을 버텨내기 위하여 〈개구부〉를 뚫고 한숨을 돌려야 한다. 없으면 좋을 것 같은 문과 창은 바람을 실어 나르기에 앞서 '사람의 향기'를 넣어준다.

마음의 문은 항상 닫혀있어도 안 되고 그렇다고 늘 열려있어도 안 된다. 주고받는 말과 말이 누군가와의 소통의 끈인 것처럼 문은 밖과 안의 모든 것을 이어준다. 마당의 온도를 이어주고 집 안의 소리를 들려주며 주방의 음식 향을 느낄 수 있게 한다. 때로는 나무의 색, 바람의 형태까지도 전해준다.

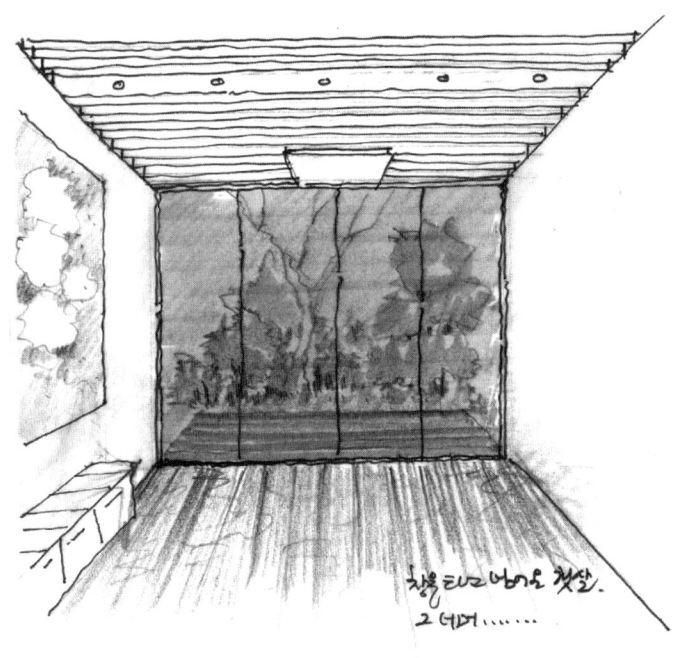

창이 없는 집은 햇살을 담아낼 수가 없기에 마치 앞을 못보는 사람과도 같다. 미술관이나 진열대가 있는 상점 공간을 빼고는 창은 사람의 눈과 같이 열리고 닫히는 것이 자유로워야 한다. 클리어스토리실나 무창실도 건축의 한 공간이지만 넓은 의미에서의 창은 어쩌면 사람에게서의 물과 피와 같은 존재가 아닐까 싶다. 채광(採光)과 통풍(通風)이 건축공간에 주는 의미는 생각보다 훨씬 크다.

그래서 건축법에서도 사람의 심리처럼 이런 개구의 크기를 정하여 채광과 환기를 위한 최소한의 개구부 면적을 제시한다. 〈바람〉과 〈햇살〉이 어떠한 형태로 다가오더라도 닫힌 마음의 통로를 적당히 열어두어야 한다.

빛의 찬가를
부르다

뜨겁다. 만약 마음의 빛이 없다면 나는 영원히 눅눅한 그림자 속에서 헤매고 있을 것이다. '닫힘'과 '열림'을 응용해 내지 못한다면 이 건축물은 그저 구조물 벙커에 불과하다. 도시가 아닌 곳에서 대지는 일조권이 제한되어 있지 않지만, 대부분 집을 지을 수 있는 도시지역에서의 대지는 일조권에 대한 규제를 받는다. 내가 사는 양평의 집은 해의 시간과 빛의 시간이 동일하다. 땅에 대한 소유의 권리보다 어쩌면 빛에 대한 권리를 갖는 것이 더 중요하다.

오늘 밤 건축이 나를 이토록 간절하게 만든 명확한 이유는 없지만, 분명한 점은 이 도시를 밝히는 빛을 모아야 한다는 것이다. 내가 건축가로서 할 수 있는 일은 사람들에게 사색의 공간을 제공하는 것이 전부일지도 모르겠다. 이것은 작은 도시를 가꾸고, 뜻이 맞는 동료 건축사들과 시시콜콜한 작금에 있었던 일들을 이야기하며 시간을 보내는 이유이기도 하다. 사실, 창조 과정에서 내세우는 나만의 획기적인 아이디어가 마치 최고인 양 떠들어대는 것은 참으로 무의미한 일이다. 실용적이지 않은 건축은 빛을 잃을 수밖에 없으며, 이러한 건축은 도시에 존립할 수 없다. 신성한 공간인 예배당이나 법당이 신을 숭배하는 인간들의 안식처가 되는 것 또한 사람의 공간이기에 그렇다.

나의 일상은 어제가 오늘이고, 오늘이 또 내일이겠지만 흐르는 시간은 또 나를 어디론가 인도하고 있다. 나와 건축물 모두가 살아남기 위해 지금 내가 가야 할 길은 이미 정해져 있었다. 사람들로 가득한 좁은 골목을 들어섰을 때, 이 공간을 어떤 색깔로 다가설지에 대한 각오와 대지를 정교하게 바라보는 시선은 건축가로서 꼭 갖추어야 할 중요하고 값진 덕목이다. 빛을 공간으로 받아들이는 일은 단순히 시각적으로 느끼는 명암을 넘어서는 힘을 가지고 있다. 단위 공간을 쾌적하게 만드는 것을 넘어서, 건축물 자체가 빛날 수 있게 하기 때문이다. 세상에서 새로 생겨나고 사라지는 것들은 내 눈에 보이지 않을 때가 많다. 아침부터 저녁까지 내 손과 눈, 그리고 머릿속은 온통 미완성의 것들로 가득하지만, 지금의 노력이 성과로 이어질 것임을 믿고 있다.

결국, 건축사인 내가 만드는 오늘 빛나는 건축물의 성장 가능성은 무궁무진하다.

극도로
개인적이어야 한다

　첫인상. 살아가다 보면 느끼게 되는 것들 중의 하나는 의도와 관계없이 당연히 그럴 것이라는 선입관을 나도 모르게 가지게 된다는 것이다. 첫인상을 통해 그의 몸동작, 표정을 생각하고 결정하는 것처럼 건축물 또한 보는 사람의 관점에서 다양하게 그려진다. 첫 걸음을 디뎠을 때 눈과 마음으로 전해오는 건물의 형상과 분위기는 그 속 공간을 예측하고 상상하는 바탕이 되기도 한다. 우리가 흔히 부르는 정면도, 측면도, 배면도는 사람의 얼굴과도 같다. 〈대문〉을 들어설 때 처음 전해지는 감정과 공감은 집을 평가하고 평가받는 첫 잣대가 되곤 한다. 소개팅을 할 때 상대방의 눈빛이 눈에 가장 먼저 들어오는 것처럼 대문 앞에 마주할 때 호감이 생기는 건물은 어떻게 만들어졌는지를 짐작하게 한다.

　겉이 웅장하다고 하여 그 속 또한 마음에 쏙 들 정도로 가득 채워져 있지만은 않다. 경계를 지우고 제 높이를 절제하면서 건축물이 서 있을 때 방문자를 평안히 안내할 수 있다. 내가 꿈꾸는 집도 그렇다.
　꼭 중립적일 것까지는 없지만 처음 만났을 때 중압감을 주는 자신만

만하고 당찬 태도는 오히려 부담을 주기 때문이다.

〈보통의 시선으로 건축을 바라보라〉

적당한 거리를 둔 대문과 현관. 그 속에서 집으로 그럴싸하게 들어가기 위한 준비를 건축가는 해야 한다. 밖에서의 지친 여로의 무게를 한돌 한돌 디디면서 안내하는 그런 '맛'이 있어야 한다.

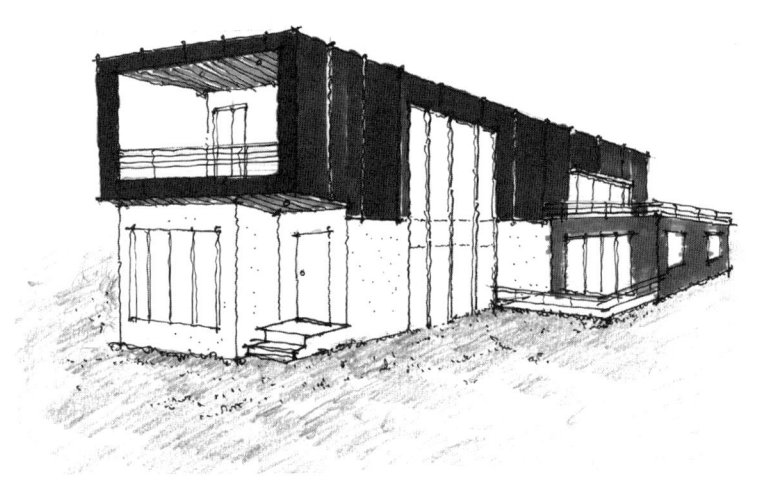

그 길에 흙과 풀과 돌들. 이름 모를 꽃 한 줌의 씨앗이면 충분하리라. 마당에 가득한 작은 바람 하나 일어주면 벌써 미소는 가득하리라. 굽은 길로 돌아와 쉴 곳을 찾는 누군가에게 공간이란 그러한 변화를 늘 요구한다. 가치 있는 공간을 만드는 일은 바로 여기에서 출발한다. 가장 먼저 하는 일이 〈인사〉이듯이 '둥지'로 왔음을 알리는 이곳. 친절

한 우산꽂이, 알뜰한 간이 세면대, 외투를 걸 수 있는 수납장까지 구비해 두고서 조금은 굴절된 평면으로 변화를 주어본다.

손끝에서
시작된 건축

　씨름 선수로 천하장사였던 강○○ 씨는 운동선수라는 몸으로 하는 직업에서 이제는 채널을 독차지할 정도로 엄청난 입담을 자랑하는 연예인으로 성공했다. 우리나라에는 2만여 가지의 직업이 있다는데 정해진 것이 없는데도 각자의 역할을 분배하듯이 자신의 직업을 잘 찾아 간다. 우리 눈에는 참 편하게 살면서 많은 것을 쉽게 얻는 것처럼 보이는 사람들도 사실은 결코 그렇지 않다는 것을 알아야 한다. 우리가 모르는 그 세계는 또 다른 경쟁과 알력이 판을 치고 있음이 분명하니까. 그들이 어느 정도 일정 궤도에 오르기까지 자신이 하고 있는 일에 대한 열정과 관심 없이는 아무 것도 이룰 수 없다는 것을 잊어서는 안 된다. 타고난 재능을 가지고서 직업을 갖는 경우도 있지만, 기본적으로 직업은 스스로에게 〈흥미〉를 줄 수 있어야 한다. 만약 그렇지 않다면 정말 재미없고 지루할 뿐이다. 올해도 학교 강의를 하고 있다. 뛰어난 강의보다 예비건축인으로 성장할 수 있도록 길을 안내해주는 것을 목표로 하고 있다. 가르치는 이는 어쩌면 자신의 재능을 자랑하기보다는 배우는 이가 숨겨진 재능을 발견할 수 있도록 도와야 한다.

　이어서 이야기하자면 농부 역시 농번기에는 탈곡기, 트랙터, 이앙기

등 기계의 힘을 빌려 씨앗을 뿌리고 곡식을 기르지만 그의 생각을 행동으로 옮기는 발이 없다면 밭으로 나가지도 못할 것이다. 어부의 그물 역시 어부의 손과 발이 없다면 그저 한낱 망에 지나지 않을 것이다. 장대높이뛰기 선수의 힘찬 장대와 세탁사의 다리미처럼 모든 직업이 그렇다. 그럼 건축사는 어떤가. 건축사는 설계를 하지만 도시를 말하고 공간을 결정지어야만 일이 해결된다. 그래서 왼손이든 오른손이든 쉴 새 없이 움직이지 않으면 머릿속의 건축물은 상상에 불과할 뿐 실현할 수는 없다.

건축물은 역사 속에서 한 번이라도 '반복'을 인정하지 않는다. 잘되든 못되든 둘이 될 수 없는 세상 하나뿐인 유일물. 그래서 예술이라고 말하지 않았던가. 우리가 늘 쓰는 공산품처럼 대량생산은 용납되지 않

는다(요즘의 아파트는 아닐 수 있겠지만). 참으로 위대한 건축사가 아니겠는가 싶지만 알고 보면 그리 대단한 처우를 받는 것은 아니다.

그러나 이러한 현실에 좌절하지 말아야 한다. 컴퓨터시대라도 책상 위에 스케일(축척자)과 기름종이(트레이싱페이퍼)를 펼치고 상상의 나래를 펼쳐야 하는 늘 꿈꾸는 그런 건축인이어야 한다.

그래서 손끝에 저며오는 찌릿찌릿함과 자기만의 희열은 계획이 마음대로 풀어졌을 때만이 느낄 수 있다. 마치 연인이 서로 사랑하는 것처럼 건축물은 사랑으로 탄생하게 되는 것이다. 작금의 불규칙적이고 불안하고 불편한 환경이 지속되고 있지만 우리는 미래를 짓는 이가 아니겠는가. 파르르 떨리는 검지의 손금 끝에서 이루어지는 그 미래물을 만드는 것이 우리의 할 일이기 때문이다. 그렇지 않으면 그저 공작물 내지는 구조물에 지나지 않고 눈으로만 감상하는 조각물에 끝나고 말 일이다. 그래서 감히 거창한 혼(魂)을 담는다는 이야기를 할 수 있는 것이다.

이쯤에서 집 하나를 간단히 소개하고자 한다. 〈에시에릭하우스〉는 킴벨미술관으로 유명한 건축계의 거장인 에스토니아 출신의 루이스칸이 지은 것으로 유명하다. 지은 것으로 유명하다. 1994년 잠원동의 고등학교 선배가 운영하는 사무소가 내 첫 직장이었다. 월급이 60만원이던 그때 그의 작품집을 거금 10만 원을 주고 구입했다. 지름신이 내린 걸까? 나만이 느끼는 영감이랄까 끌림이 있기에 지금도 그는 내 마음속의 멀고 먼 선배가 되어 마음 한 켠에 자리 잡고 있으며 어쩌면 나에겐 신(神)과 같은 존재의 건축가일지도 모른다.

사람들은 설계도면을 구매하지만 사실은 그가 만든 공간을 사는 것이다. 그 소유는 건축주이겠지만 그 공간을 창작하고 꾸민 진정한 주인은 건축가인 것이다. 그래서 건축가는 짧게는 몇 개월 뒤, 길게는 수년 뒤의 집을 생각하면서 그렇게 홀로 긴 밤을 보내게 된다.

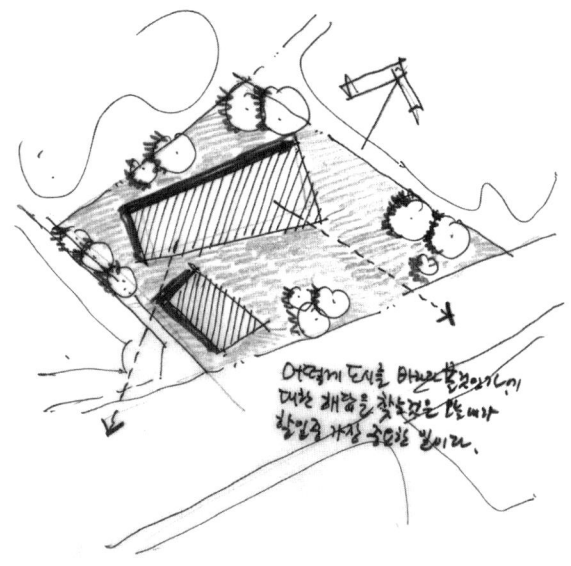

요즘 나는 동트기 전에 사무실을 향한다. 내가 가지고 있는 재능, 내가 가지고 있는 부(富), 내가 가지고 있는 끈기, 모두 한참 못 미치는 것을 알기에 아침 태양보다는 좀 더 부지런해야 하지 않을까. 한낮 태양의 뜨거움과 정열의 1/10이라도 되어보려고 애를 써본다. 어쩌면 태양이 나를 보는 것이 부끄러워 얼굴을 숨기기 위해서인지도 모르겠지만 나를 채우기에 분주하려 한다. 어젯밤 잠들기 바로전 째깍째깍 초침의 그 활기참에 충격을 받고 아침 창을 연다.

집

프로젝트의 시작은 어디일까? '건축주의 설계의뢰'? 아니다. 그 시작은 바로 건축가의 대지(Site)에 발을 딛는 부지 답사에서부터 시작된다. 그 순간, 건축가는 가장 먼저 무엇을 볼까? 건물이 완성되었을 때 만족감을 느끼기도 하겠지만 공사과정 때문인지 그다지 깊은 감명은 오지 않는다. 그러나 땅과의 조우(?)란 마치 사람을 처음 만났을 때의 기대감(Expectation), 설렘(Palpitation)과도 같다. 그 사람에게서 풍겨오는 분위기, 향기, 그 작은 목소리까지도 마음을 간질거리게 하는 그 미묘한 감정을 느끼게 한다. 모든 프로젝트는 할 때마다 새롭고 힘들지만 땅을 만나는 순간 두려움보다는 미래에 대한 희망찬 꿈을 꾸게 된다. 그래서 건축가는 늘 젊은 직업임에 틀림없다. 이처럼 창의적인 일이 세상에 또 어디 있겠는가. 요즘 EBS 교육방송에 초등학생 같은 목소리로 책을 읽어주는 진행자(작가)의 목소리를 자주 듣게 되는데, 이것은 어린 시절의 목소리는 어른이라면 누구나 겪었던 어린 시절을 상기시켜 상대방의 공감대를 형성하기 때문이리라.

그러나 글은 마음으로 읽지만 건축은 몸으로도 읽어야 하기에 더 힘을 주어 써내려가야 한다.

제도판 위에 노란 갓등을 켜고 지우개 달린 D연필을 잡는 순간 창작

자의 눈에는 물끄러미 만들어야 할 크기와 높이에 대한 숫자들이 속속들이 떠오르고 점점 그 대지 주변 환경들과 양감(Mass)의 형태들이 버섯 피어나듯 올라온다. 뾰족한 연필심이 제 살을 깎아내는 사각사각거리는 소리는 밤새 열정의 시간을 건축가와 함께 보낸다. 먼지조차 없던 종이 위에는 등신불처럼 온 몸을 불사른 흑심이 있었기에 창조의 아침이 열리고 희미한 첫 형상이 그려진다. 손끝에서 시작된 건축은 비로소 닻을 올리게 되고 그 첫 만남이 주선되면 어느 목적지를 향해 달리게 된다.

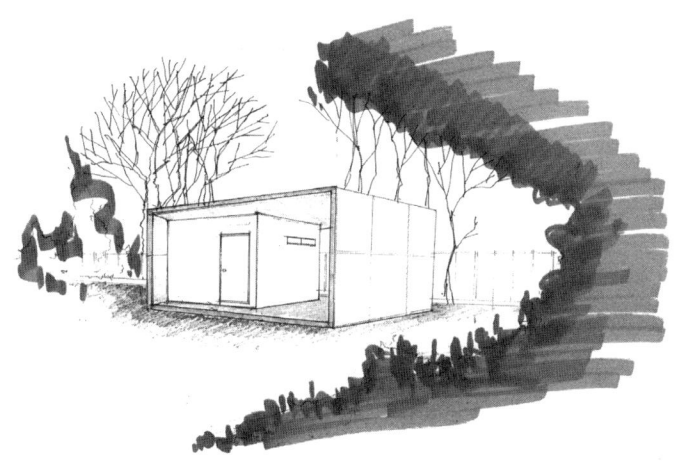

첫 번째 만난 자리에서 "설계비는 얼마예요?"라고 물어오는 예비건축주에게 한 번쯤 건축사의 어젯밤 이야기를 들려주고 싶다.

그토록 밤새 머릿속에서 뜨겁게 돌고 있던 창작의 시간을 그렇게 경제논리에 바로 들이대면 참 마음이 쓸쓸하고 아프다. 농부가 키운 무

(Daikon) 하나도 제 값을 받으려 하는데 말이다. 손수 내가 만든 어떠한 물건이라도 싸게 넘기고 싶은 사람이 어디있겠는가. 평생을 함께할 '집'이라는 인생의 가장 큰 프로젝트를 스스로 하찮게 여기는 엄청난 과오를 범하고 있지 않은지 다시 생각해보아야 할 것이다.

비울수록
채워지는 공간

 도시는 역사와 사회 그리고 시간이라는 연속성을 통해 자연스럽게 태어난 것이 아니기 때문에 다분히 공간적이어야 하고 또 그렇게 흘러왔다. 그럼 도시는 무엇으로 어떻게 이루어지는가를 묻는 순간 바로 공간을 이야기하지 않을 수 없다. 한 도시가 만들어지기까지 역사와 문화는 도시를 한 켜 한 켜씩 채워왔다. 그러나 그 중심에 사람이 없다면 존재의 가치도 없겠지만 그 역사의 뒤안길을 묵묵히 이어온 것이 있으니 그것은 바로 길(道)이다. 마천루를 꿈꾸는 가로는 막힘없이 끝

없는 길이 되어 달린다. 현대에 와서 도시의 공공성(公共性)은 이제 도시와 건축에서 없어서는 안 될 요소가 되었다.

길이 만든 회색도시에 건축가는 생명을 불어넣고 싶다. 그래서 하이라이즈 빌딩의 저층부에는 낯선 이방인 같은 예술 장식품이나 개방공간이 나타나고 대중교통의 정류장과 지하철 입구에는 언제부턴가 사용하기 편리한 에스컬레이터와 엘리베이터, 경사로 등이 우리를 맞이하고 있다. 이처럼 도시는 사람에게 모든 것을 열어주고 있다. 그 이유는 길을 틔운 대가로 용도가 정해진 건축물이라는 울타리를 치게 했는데, 그것이 바로 '공간'이다.

늙지 않는
공간 만들기에 돌입

이 글을 쓰고 있는 순간에도, 내 손목시계의 초침도, 사무실에 두고 온 벽시계의 초침도 내가 없다고 쉬거나 기다려 주지 않는다. 이처럼 시간은 물처럼 어디론가 흐른다. 다만 내가 모를 뿐이다. 어디 작은 구멍 속으로 마법처럼 한시도 쉬지 않고 완벽한 규칙 속에서 사라지고 있다. 살아봐야 100년, 좀 더 산다고 해도 120년. 그 뒤엔 무엇이 남아

있을까. 내 이름, 내 자식들. 하지만 생명을 다한 인간이 흙 속으로 가도 그 자리를 지키던 생활 속 공간은 그 자리에 남아 있다. 공간은 점(點)과 선(線) 그리고 면(面)이 만나 형태(形態)를 이루고 그 속에 겨울과 여름, 낮과 밤을 보낸다. 사람이 '쓰다 남은 공간이란 존재할까'라는 생각을 해 볼 때가 있다. 공간은 사용하는 사람에 따라 쓰임새와 기능이 다르다. 결국 내가 쓰다버린 공간이 아니라 그 공간에서 내가 잠시 머물다간 것일 뿐 그 공간은 그 자리에 남아 있다는 것을 간과해서는 안 된다.

빈둥거리다

'집은 모름지기 그러해야 한다.'라는 기준과 규칙은 당연히 없다. 집을 그려놓고서도 그 집이 어떨지는 사실 살아보지 않고서는 알 수가 없다. 그렇다. 꼭 잊지 말아야 할 것들이 있다.

감히 이야기할 수 있는 한 마디는 "빈둥거리는 집이었으면 좋겠다."이다.

할 일 없이 그저 노는 공간, 늙은 사자처럼 어슬렁거릴 수 있는 공간 같은 사색의 뜰이어야 진정한 공간이다. 하릴없이 잘 노는 공간, 잘 먹을 수 있는 공간, 잘 잠들 수 있는 공간이 필요하다.

몇 해 전, 양평 강하면에 작은 집 하나를 구입했다. 건축가라는 사람이 남이 지은 집을 산다는 것이 부끄러운 일일 수 있겠지만, ㄷ자 세 칸짜리 마당을 품고 있는 오래된 집이자, 1924년부터 지금까지 세월을 고스란히 서까래 위에 얹고 있는 처마 낮은 집이다.

여기에 책 몇 권을 가져다 놓고 사랑방처럼 건축이야기를 하고 싶었다. 아직 나만의 건축언어를 갖추지 못한 평범한 건축사이지만 나만의 공간에서 서로 생각을 들어주고 나눌 수 있는 마음의 휴식처를 만들고 싶었다. 3년 전 쯤이리라. 허름하지만 솟을대문이 농촌마을 길가를 버티고 선 모습, 갈댓잎 한지로 바른 벽, 작은 공간을 키우기 위해 기둥을 보수한 세월의 때, 나지막이 내려앉은 돌담, 그리고 집으로 들어가기 위한 또 하나의 작은 사립문. 모든 게 처음 봤을 때 낯설지가 않았다. 없는 살림에 무리인 줄 알면서도 냉큼 감행해 버린 용기는 대체 어디서 왔던가. 지금 생각하면 살짝 후회도 되지만 이곳이야말로 그토록 이야기 해왔던 마음의 아지트(?)이다.

며칠을 고민하다가 이 집에 이름을 지어보기로 했는데 '빈둥거리는 집'이 일순위 후보였다. 이 당시에 블로그도 만들었는데 집 이름을 따와서 블로그명도 'bindoong'으로 지었다. 지금도 이 블로그명은 바꾸지 않고 계속 사용하고 있다. 그런데 변수가 생겨서 이곳은 밤을 빌려줄 대여공간이 되어 결국에 '책 헤는 밤'으로 개명을 하고 간판을 걸었다. 세 채의 공간이 모여 있어서 낮에 책을 보고 차를 마시는 '푸른하늘'채, 잠을 자고 쉴 수 있는 '은하수'채, 그리고 밥을 짓고 관리하는 '계수나무'채가 되었다. 이렇게 명명하고 처마에 손수 페인트칠을 해서 간판을 걸어두었다.

지금은 설계를 의뢰하는 건축주들께 하룻밤 묵어갈 숙박권을 드리고 있다. 건축사로 나를 간택한 일종의 보너스다. 아무튼 집은 온종일 돌아다녀도 질리지 않고 빈둥거리기에 적당해야 하며, 꼭 걷지 않아도 창밖을 보면 마음의 휴식이 있는 그런 여유를 가져야 한다.

숨과 숲의
각별한 관계

한자어 金(쇠 금)자를 보면 한글 '숲'과 너무 닮았다.

숲은 많은 것을 숨기기도 하지만 사실 품는 것은 더 많다.

엄마의 품처럼 풀을 품고, 길을 품고, 커다란 나무도 다 안는다.

그래서 숲에 가면 숨을 깊이 쉴 수 있듯이 우리의 공간도 그러해야 한다. 문을 열고 들어선 공간이 인위적으로 쌓아 만든 차가운 성처럼 되어서도, 아무 의미 없는 그저 그런 영역의 표시처럼 되어서도 안 된다.

그러면 숨이 있는 공간은 어떤 것일까. 어차피 건축가는 각기 다른 기능의 실을 짜맞추듯이 나열하게 된다. 그러나 그 배열된 공간이 무의미하게 펼쳐진다면 살고 있는 이는 그 공간이 없어질 때까지 고통을 느끼며 살아야 할지도 모른다.

금처럼 빛나는 공간. 그것은 비싼 집이 아니다. 금으로 도배를 하고, 금으로 장식을 한다 하여도 공간은 돈으로 그 가치를 올리지 못한다. 공간은 말이 없으며 숲처럼 어떤 길로 걸어도, 어떤 모습으로 있어도 모든 것이 편안하다. 그 보이지 않는 숲처럼 공간을 만들기 위해 다듬고 또 다듬는다.

보이드(Void)와
솔리드(Solid)

음식도 덜어내어야 다이어트가 되고 운동도 적당히 규칙적인 조절이 필요하다. 사실 애초부터 공간은 보이드(Void)이다. 이미 채워진 공간엔 사람이 들어갈 수 없으니 건축가는 처음부터 비우는 작업수행자이다. 그러나 솔리드 된 벽과 바닥이 없다면 공간 창출은 할 수 없게 되지만 그렇게 만들어진 공간에서도 더 큰 보이드와 솔리드를 필요로 하게 되는 경우가 있다. 하나의 도면이 만들어지기까지 건축가는 밤을 새워 작업하기도 하고 풀리지 않으면 밖으로 나가 산책을 하면서 복잡한 머리를 식히기도 한다.

그러나 건축주는 이런 용어를 알 필요는 없다. 다만 건축가가 설명해주는 계획의 의도를 이해 또는 동조하면서 그 공간을 받아들일 때 다이내믹한 공간이 연출되고 자기만의 집으로 탄생한다.

그 첫 번째가 최상층의 다락(Attic)바닥이다. 주택의 방 중에 가장 큰 서비스 면적이자 공간 활용도가 높은 곳이다. 이를 결정하기 위해서는 몇 가지 포기해야 할 것들이 있다. 공간의 크기이다. 정확히 말하면

딛고 있는 바닥의 크기를 일부 내놓아야 이 비움의 공간은 만들어진
다. 그래서 건축가가 제안하고 그 설계를 받게 되는 건축주는 그런 공
간의 필요성과 가치, 이용성과 향후 유지관리 등을 생각하여 받아들여
준다면 멋진 공간으로 창출될 것이다.

    그 다음으로 드라이에리어(Dry Area)와 선큰(Sunken)이다.
    한때 우리나라의 주택 수가 턱없이 부족한 시절엔 반지하를 만들어
활용하기도 했다. 이제는 주거환경을 위하여 지하에 주거공간을 만드
는 것은 불법이 되었지만 지표면 아래 한두 층은 아직도 토지의 효율
적 활용을 위하여 근린생활시설이나 다양한 상업시설을 배치하게 된
다. 가끔은 완전 개방된 공간보다는 지하처럼 프라이버시와 적당한 일
조를 필요로 하는 실이 필요하기도 하다. 그러나 자연채광을 도입하려
면 건축 계획단계에서 그 크기와 위치 일조량을 분석하여 이러한 공간
을 적소에 설계하여야 한다. 요즘은 공조설비가 잘 되어 있지만 자연
채광을 받는 것은 공간의 쾌적성 측면에서 보면 비교가 되지 않는다.

    마지막으로 중정(中庭, Central Garden)이다. 특히나 도심에 위치하게 될
주택의 경우는 주거환경이 수도권 외의 지역보다 까다롭다.
    대지의 크기, 일조권(북측 방향으로의 햇빛 확보), 그리고 인접대지와 도
로 환경에 따라 제약조건이 많기 마련이다. 그러나 공동주택(아파트)
생활에서의 탈피와 전원의 꿈이 다소나마 만들어지려면 나무와 땅, 하
늘이 보이는 공간이 필요하다. 그래서 건물 가운데 작은 정원을 만들

어 바람과 빛을 들이게 된다. 승효상 건축가의 수졸당이나 닥터박 갤러리의 벽 한 켠에 만들어진 작은 정원은 중정은 아니지만 집 안에서 자연을 느끼기에 충분해 보인다.

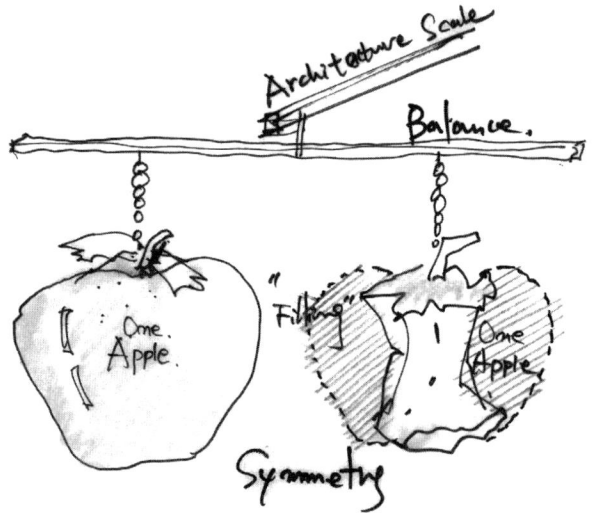

사람의 향기
피어오르다

사람은 늙어도 공간은 늙지 않는다. 사람이 변할 뿐이지 공간은 늘 산처럼 묵묵히 자신을 지키고 있다. 그러한 변하지 않을 공간을 만드는 일은 하루 이틀 밤을 샌다고 완벽하게 만들어지는 것은 아니다. 그렇지만 좋은 사람을 만나면 좋은 향이 나듯이 그러한 공간을 만드는 숙명은 건축주나 건축가나 똑같이 가지고 있다.

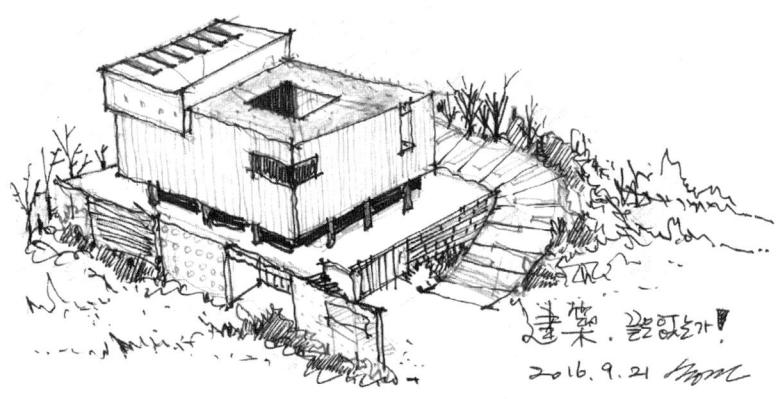

아무리 비싸고 진한 '향수'를 뿌려도 멋있어 보이지 않는 사람이 있고, 아무것도 치장을 하지 않았는데도 다가가고 싶은 사람이 있다. 집

도 그렇다. 아무리 작은 공간일지라도 그 공간에 첫발을 디딜 때 왠지 자신도 모르게 편안함을 주는 공간, 마치 첫사랑처럼 그렇게 다가오는 곳. 그런 공간을 만들어 보는 꿈을 꿔본다.

프롤로그

 눈을 뜨면 생겨나는 수많은 도시, 그 속의 공동주택, 그리고 그 속에 둥지를 틀고 있는 우리들. 어쩌면 집은 우리의 부족한 잠을 채워주는 그늘, 그 이상이 아닐지도 모른다. 오늘 아침도 이상 없이 잘 자고 바로 일터로 나왔으니 말이다. 그리고 긴 대화는 없지만 그 집은 오늘 저녁 또 나를 반기며 가족들을 한 자리로 모으겠지. 어제처럼. 조상들의 움집과 귀틀집 그리고 초가집과 슬레이트, 기와지붕을 거쳐 집의 형태는 바뀌어 왔다. 그러나 언제부턴가 우리는 지붕 없는 집에서 살고 있었다. 아니, 남의 집 방바닥을 지붕 삼아 아무렇지도 않게 살고 있다. 남 밑에 있는 것을 그렇게 싫어하는 우리가 매일 한결같이 하늘 없는 콘크리트 지붕 아래 도시 한복판에서 숨 쉬며 살고 있다. 이제 우리의 도시는 더 이상 담을 공간이 없다. 시루떡처럼 쌓아올린 빌딩과 아파트에서 이제 우리는 서서히 내려올 때도 되었다. 얼굴도 모르는 이웃과 이렇게 옹기종기 붙어 있을 수 있다니 참 이상한 일이다. 푸른 하늘과 코스모스와 민들레가 놓인 봄 길과 가을 길의 들판으로 서서히 떠나야할 때가 되었다. 아니, 이미 알고 있었지만 갈 수가 없었다. 그렇다고 여기 계속 머무를 수는 없기에 전원을 꿈꾸어야 한다. 아랫집, 윗집 똑같은 공간에 마치 벌집의 벌처럼 살기보다 땅 속이면 어떠랴?

차라리 나만의 길을 내어 집 짓는 작은 일개미가 더 나으리라. 그래서 정말 떠나기 전 미리 좀 알아보아야 한다. 세상 하나밖에 없는 나만의 공간이 개미굴처럼 작으면 또 어떠랴. 내 몸 뉘어 하늘 올려보며 들풀과 인사하고 숨 쉬는 한 자리가 정녕 그게 내 품이 될지니.

'경계'는
못 넘는다

결혼하고 난 뒤 나는 가끔 또 하나의 아버지가 된 그 분(장인어른)과 바둑을 둔다. 잘은 두지 못하지만 바둑판을 장만하여 강릉 처갓집에서 지금도 가끔 아버지의 눈치를 힐끔 보면서 알을 놓는다. 검은 돌과 흰 돌이 자신의 영역을 많이 차지하기 위하여 가로세로 19줄의 정해진 공간에서 공방을 벌인다. 한 사람은 미소를, 나머지 한 사람은 미간을 찌푸린다.

건축에는 대지 경계선이라는 절대로 침범하면 안 되고 침범할 수 없는 한계선이 있다. 아무리 힘이 세고 권력을 가진 사람이라도 넘을 수 없는 경계이다. 우리가 살고 있는 모든 곳에서는 이러한 '테두리'가 그어져 있다.

마음과 마음의 테두리, 집과 집의 테두리, 나라와 나라의 테두리, 그리고 길과 집의 테두리…

그래서 요즘 '이웃', '서로이웃'이란 말을 자주하나 보다.

건축사사무소를 운영한 지 어언 20년이 되었다. 가끔은 내 건축의 경계는 어디까지이고 그 경계에는 도달할 수 있는지 생각해 보게 된다. 건축에 대한 생각이 사무실 규모에 비례하지 않는다는 것으로 위안을 삼으면서 쓸모 있는 경계를 짓기 위해 오늘밤도 분주하다.

담아야 할
여러 가지 것들

새로 난 제2영동 고속도로에 차를 맡겼다. 길이 안내하는 대로 끊기지 않을 때까지 달려보고 싶은 날이 있다. 청태산이 있는 횡성을 지나 대관령터널의 구름을 뚫을 때 쯤이면 속도를 줄여야 한다. 바다다. 길은 지독하게도 현실적으로 나를 안내할 뿐 오프로드는 절대 권하지 않는다. 밑줄이 없는 노트 한 권을 옆구리에 끼고 어슬렁어슬렁 바다 근처를 걷는다. 어제 결정한 일들도 걷다 보면 다 틀어지고 한 뼘도 안되는 내 뇌는 오늘 또 새로운 주문을 걸어온다.

바람의 높이를 모른다. 어디를 들러 온지도 알 길이 없지만 확실한 것은 마지막에는 누구나 각자의 종착역에 다다른다는 것이다. 자신의 진심과 진정성은 낱낱이 치부가 드러날 때 쯤에 나타난다. 벽돌 건물을 좋아한다. 건축의 재료는 다분히 주관적이다. 건축재료의 진정성에 대해 심각히 고민하지는 않는다. 건축가들은 자신이 설계한 건물을 보여줄 때 주변건물의 재료와 색상은 크게 개의치 않고 자신의 건물만을 강조하며 그림을 그린다. 거짓은 아니지만 표면에 보이는 물성에 대한 속임수일지 모른다.

도시를 보는 혜안은커녕 어깨에 붙은 건물과 가로에 즐비한 인접 건물들의 의미를 외면하려고 한다. 나도 그렇다.

일본의 건축가 쿠마 켄고는 "건축물이 '어떻게 무엇으로 만들어졌는지'보다 '어떻게 보이는지'에만 주력해온 건 아닌가"라고 말했다. '진정성'이 '순수성'이라 말하는 건 아니지만 건축가의 '눈'은 언제나 진심이어야 한다는 것은 변함없는 내 지론이다.

창에 대한
결정적인 단서

양평 성덕리에 북스테이라고 하기엔 너무 허접한 작은 황토집(1924년 최초 준공, 확인 불가). 오늘도 내 발길이 이곳으로 나를 이끌었다. 마당엔 개구리가 가끔 나를 기절시키고 박새들이 하루에 수십 번을 꽥꽥거리며 사람이 없는 빈집인지를 염탐한다. 이곳은 정확히 서른 네 개의 창과 문이 있다. 엄청난 숫자의 창들은 제각각 밖을 보기 위하여, 또 드나들기 위하여 자신의 자리를 지키고 있다. 이 집의 창 중에서 가장

내 마음에 드는 창은 마당을 내다보면서 앉은뱅이 책상이 놓여 있는 담장 옆 창이다. 많은 초록과 윤기 있는 햇살을 받아줄 수 있는 창이기 때문이다. '창'은 집안에서 밖을 보게 하는 것이지 밖에서 안을 볼 수 있도록 창을 만들지는 않는다. 자칫하면 안이 액자에 걸린 살아있는 영정사진처럼 보일 테니까.

공간에 눈이 있다는 증거를 창이 말해주고 있다.

다리 4개 그러나 외로운 의자

거북목인 게 자랑은 아니지만 건축설계를 하면서 직업특성상 자연스레 생겨난 고질병. 손이 움직이는 대로, 눈이 가리키는 대로 몸은 따라갈 수밖에 없다. 아무리 생각해봐도 의자에 대한 지론은 이렇다. '의자는 또 하나의 공간이다.' 좋은 사람과의 이야기도, 사색을 할 때에도, 차를 몰 때에도 언제나 엉덩이를 붙이고 서로의 생각과 하던 일을 여기에 앉아서 마무리하게 된다. 네 발의 다리를 가진 의자 자신은 몸을 숙여(ㄱ자) 제 몸을 누구에게나 헌신을 한다. 결국 의자는 자신의 생애 동안 누구에게나 고마운 존재로 기억될 것이다. 마치 그루터기처럼. 건축은 한 발짝도 꼼짝하지 않고 지어져서 해체가 될 때까지 사람과 그 속에 담겨 있는 모든 사물들을 보호하고 지켜주는 그런 '엄마의 품' 같은 존재이다. 다시 말해 의자는 절대 외롭지 않다. 의자에 앉아 있는 스티브잡스의 사진은 많은 것을 회자하게 했다. 그의 낡은 청바지와 허름한 운동화 그리고 검은 폴라 티. 그의 손에 든 제품을 홍보하기 위하여 앉았던 그 1인용 가죽의자는 사실 건축의 거장 르꼬르뷔제가 디자인한 것이다.

결국 그는 그의 생각을 구현하기 위하여 의자라는 작은 공간을 이용했다. '아버지의 인생을 담았던 거실 의자', '전통시장 한 구석의 야채장수 할머니의 앉은뱅이 플라스틱 의자', '어둠 속에 하루를 회고하는 낚시꾼의 접이식 의자', '일터로 가는 도시인들의 지하철 객실의 마주보는 금속의자', '어느 건축가의 허름한 의자'처럼 세파에 흔들리고 흔들리며 누군가의 무게를 지탱할 수 있는 그루터기가 되어 보리라.

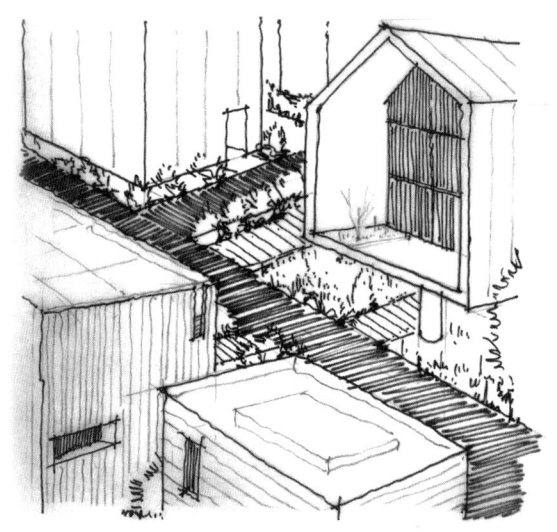

손

나는 꽤나 욕심쟁이인가보다. 아침부터 형광등을 똑바로 누워서 볼 시간까지 내 눈을 몇 번을 깜빡였던가. 완벽한 건축의 유토피아 상태를 만들 수 있다고 지금도 꿈꾸고 있다니. 눈으로 본 경험이 만들어 낸 것과 마음이 움직여 그려낸 그럴듯한 도형들. 그리고 타닥타닥, 또각또각 자판과 마우스로 선을 그리고 잉크가 마를 때까지 고민하다가 비로소 그려낸 계획지 위의 낯선 그림들.

아기를 품어낸 엄마의 손. 귀룽나무를 힘들게 키워낸 지독한 숲의 손. 돌아오지 않는 길에서 떠돌던 바람을 잡아주던 하늘의 손. 가장 큰 행복은 사랑받고 있음을 알았을 때라고 했던가.

행복의 온도를 만들어 주는 손.

인연
0915

　엄마는 100년 뒤에는 죽을 아이를 순산을 했다. 10개월을 배에다 품고 진통을 하며 한 바가지 양수와 함께 나를 세상 밖으로 끄집어냈다. 그리고 엄마는 아흔을 바라보는 할머니가 되었다.

　그리고 해마다 미역국을 끓여주며 하루씩 살 날이 줄어드는 아들의 생일상을 봐 주시고 있다. 지금도 말이다. "밥은 먹었나?", "나는 한 버지기(얇고 입이 넓은 옹기) 먹었다." 아버지를 요양원에 모시는 통에 요즘은 어머니 혼자 지내면서도 아직도 늙은 자식 걱정이 이만저만 아니다. 세상에 이만한 부모 자식의 인연이 또 있을까 싶다.

　대학을 졸업하고 건축사사무소 직원을 거쳐 이제는 작은 건축사사무소를 운영하는 중년 건축가가 되었지만 내가 생각한 그 따스한 품은 예나 지금이나 한결같다.

　스무 살에, 서른 살에 미처 몰랐던 것들을 지금도 알아가면서 그 품을 기억하며 살아가고 있다. 그래서 지금도 불러보고 싶은 이름 "어머니". 내가 속해있는 이 세상 속에서 쉽게 살아가는 법을 배우고 싶다. 행복과 행운이 누구에게나 세 번쯤은 온다고 한다. 하지만 나는 아직도 그 기회가 아직도 오지 않았다고 믿고 싶다.

늙지 않으려고 아무리 노력을 하여도 그건 엄마의 인생을 보더라도 터무니없다는 것을 잘 알고 있다.

그렇지만 변하지 않는 것들이 내가 사는 세상엔 정말 많다. 아무리 가꾸고, 고치고, 바꾸어도 본래 가지고 있는 바탕은 그대로라는 사실을 모르는 사람들이 너무 많다.

엄마의 엄마가 엄마를 두고 떠났듯이 엄마도 언젠가는 나를 두고 떠날 것이다. 하지만 내 마음엔 엄마의 거친 손등과 주름지고 자그마한 얼굴 그리고 나를 위해 늘 진심이었던 그 진정성만큼은 내가 먼 훗날 죽고 내 아이가 또 내 나이가 되어도 바람처럼 세상 어딘가를 떠돌고 있을 것이다.

꽃들은 벌을 유혹하기 위해 봄마다 제각각의 색으로 자신의 아름다움을 뽐내면서도 그 연약한 몸뚱아리로 한여름을 어찌 날지, 다음 봄

에는 무슨 색으로 필지를 이미 고민하고 있는지도 모른다. 엄마는 나를 사랑하면서 무엇을 얻었을까?

  엄마의 인생도 봄꽃과도 같다.

  꽃은 옆에 핀 꽃을 쳐다보지도 않는다.

  내가 자리 잡은 작은 풀밭과 내 연약한 몸통을 한 번도 불평해 본 적이 없지만 그래도 누군가에게는 세상 가장 아름다운 꽃이다.

  오늘 엄마의 뱃속 인연으로 생일을 맞이했다.

  내가 선택한 일은 아니지만 태어나 가장 잘한 일은 엄마한테서 태어나고 이렇게 아들로 살고 있다는 것이리라.

> 오늘은 당신과 내가 세상 연(聯)을 기념하는 날이니 우리 어느 별로 가 묻히더라도 당신이 이 세상에서 내 손을 잡아준 뜨거운 온기, 나를 가슴으로 키워낸 그 열정 잊지 말자고 함께 축하의 인사를 해요. 행여 그리워지는 날이 빨리 오더라도 오늘의 작은 기억들을 꽁꽁 싸매고서 윤회가 된다면 같은 곳에서 만나고, 다시 오지 못하는 신의 땅에 태어난다 하여도 나를 잊지 않기로 해요. 내가 좀 더 늦더라도 그 자리에 있으시면 내가 찾아가리다. 당신의 향기를 금방 찾을 수 있을 테니까. 지금은 외롭지 않지만 내 마지막 역시 외로울 걸 알기에 차근차근 남은 내 생일을 챙기렵니다.

기다림

내가 아는 세상에는 움직이지 않는 것은 아무것도 없다.

돌, 하늘, 별, 나무, 집,

그리고 꿈까지도.

찾을 수 없지만 어딘가에 있을 그들만의 영원함을 좇으며 시지프스의 산처럼 멈추지 않는다.

'무의미함'과 '용기'를 두 손에 꼭 쥐고 나를 기다리고 또 내가 기다리는 어느 '정상'을 향해 힘주어 달려간다.

다다를 수 없는 그곳에서조차 무언가를 얻기 위하여 스스로를 위로하며 찾으려 노력하겠지.

올해 여름 지방에 있는 건물을 설계하다가 화가 치밀었다. 내 실력이 이 정도였다니. 고작 몇 백 평 안 되는 땅에서 허우적거리다가 답을 찾지 못하고 안절부절 못하고 있었다. 밤이 끝나가지만 감기를 앓듯 몸을 비틀며 나 자신을 멸시하고 만다. 이 허접한 대안을 놓고 탐탁지 않게 생각하는 사람은 또 나를 얼마나 비웃을까 생각하니 내 긴 꽁지 머리가 칼날처럼 바짝 섰다.

아침이 오고야 말았다. 잰걸음으로 미숙한 아이가 태어나듯 무언가가 그려져 나왔다. 여기저기서 웃음소리가 들리는 듯했다.

이기고 지는 것, 잘하고 못하고의 성과로 언제나 비교하고 비교당하는 일상의 것들이 때론 사람의 마음을 비참하게도 한다. 완벽한 것은 세상에 없다지만 만족한 것은 언제나 존재하는 법. 가난한 사람의 희망과 가장 부유한 사람의 소망은 크기가 다르다. 모두 타협의 문제다. 쉽게 만들어지는 것은 애초에 없고 하루 이틀 만에 해결되는 일 또한 흔치 않다는 것쯤은 나도 안다.

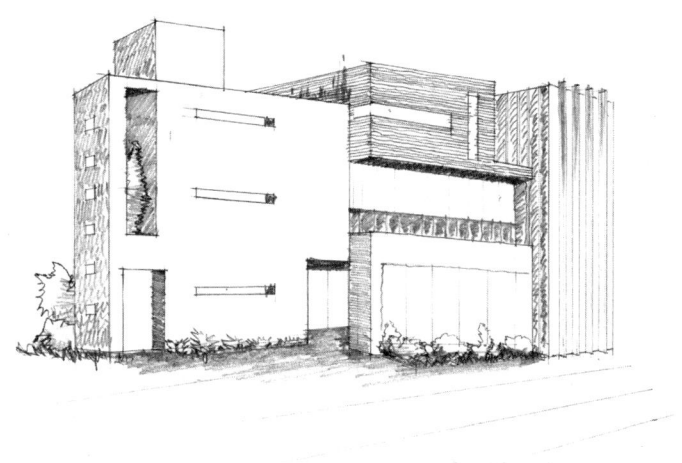

시간을 잘못 보내다보면 얻는 것보다 잃는 것이 때로는 많기도 하다. 잘못된 판단 하나가 엉뚱한 방향으로 나를 안내하기도 하니까. 그러나 대부분의 일들은 늦더라도 언젠가는 스스로 돌아볼 길도 있다는 것을 기억해야 하며, '반항'이 아니라 '반성'의 자세로 자신을 꼭 돌아볼 시간을 준비하는 것이 중요하다.

그래서 〈기다림〉이란 살아가면서 갖는 값진 성찰이기도 하다.

자정이 지나고, 새벽이 되고, 아침 해가 다시 뜨게 되면 어제의 엄청난 일들이 작은 크기로 줄어들기도 한다.

누군가 그랬던가. '지금 힘들다면 잘하고 있는 것이다'라고.

새벽에 시작하여 하루가 마감될 때까지 나에게 일어난 무수한 일들도 총총한 저 별들 앞에서 사소한 일이었음을 알고 가는 지금. 또다시 나를 마중하는 아침 태양은 그래도 뜨지 않던가. '이기는 습관'에 스스로를 옭아매려한 마음을 이젠 치유할 때이다. 남은 겨울 잎들이 이제 떨어진다.

새 것을 만들기 위해서가 아니다. 다시 태어나 살기 위해서도 아니다. 그냥 가을 잎들을 내려놓는 것이 이치이기 때문에 겨울이 되면 다 익은 잎들을 내려놓을 뿐이다.

나무는 봄이 되면 늘 그 자리에 다시 잎들을 키우고 사소한 일상으로 돌아간다.

또 다른 '관계'들이 어디선가 나를 기다리고 있다.

진정성(Sincerity)을
가질 수 있는 조건들

나는 건축이 만든 도시, 도시가 만든 건축을 매일매일 다루는 보통의 건축가이다. 자신이 할 수 있는 역량을 넘어서 때로는 과하게 치장을 하고도 싶지만 그렇게 되면 매력이 아니라 매혹만 하는 사치스러운 건축물이 되어서는 안 된다. 공존의 의미를 또 한 번 생각하고 또 생각한다. 도시가 갖는 형태적 측면에서도 공공성의 훼손과 파괴는 아주 중요하기 때문이다. 모든 일이 다 그렇지만 특히나 건축은 객관적이기에 앞서 상대적이며, 개인적이기에 자칫 오(誤)를 범할 수 있다.

파사드 디자인을 어떻게 하느냐에서부터 생각은 시작된다. 건물에 처음 들어설 때의 느낌은 건축에서 매우 중요한 요소이기 때문에 어떤 색으로 할지, 어떤 재질로 할지, 또 어떤 형태로 놓아야 할지에 대한 진지한 고민은 건축가의 입장과 보행자의 입장에서 함께 생각해야 한다. 사람이 어떤 것을 마주하는 순간, 그 속에 어떤 공간이 있을 거라는 기대를 하게 되므로 도시학적인 진입에 대한 위치와 크기에 대한 스터디라는 필수과정을 여러 번 수행하는 것이 필요하다. 잠깐 머물다가는 공간이라 하여도 안과 밖의 기능과 연속성에 대한 가치를 절대

놓쳐서는 안 된다.

건축물은 우리 삶의 일부인 문화이면서 도시의 '움직이고 있는' 역사의 과정 속의 실체이다. 단순히 사람과 가구를 채우는 속 빈 상자가 아니라 도시 성장을 함께하며 다가오는 미래 그 자체이다.

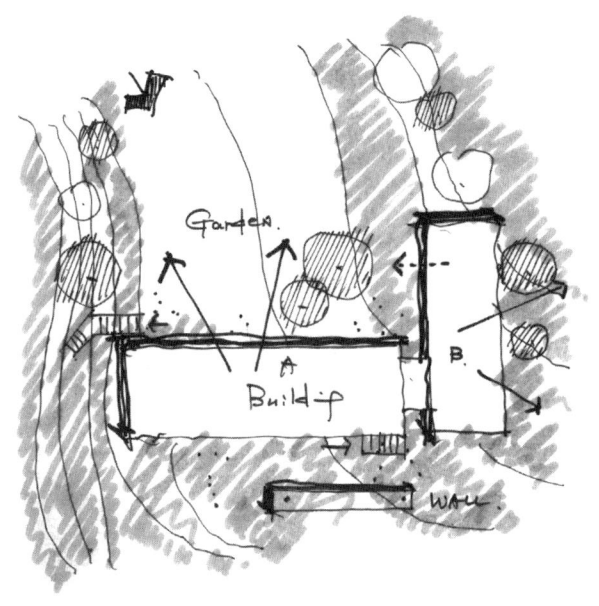

어떤 건축물이든 모든 공간은 공공장소이다. 미미한 이 작은 건축물이 도시를 하나씩 채우면서 나의 일상, 도시의 일상 모두 건축과 함께 움직이게 된다. 그 보편성을 찾아가고 상상하며 꾸며나가는 물리적 작업들이 그 이상의 가치를 만드는 것이다.

새벽이 지나면 할 일들이 차례차례 내 앞에 줄을 선다. 이 직업을 선택하면서 배우는 게 참 많다. 그래서인지 요즘은 일하는 시간과 생각하는 시간이 비슷해졌다. 건축서적보다는 마음을 다스리는 글이랄까 인문서적을 좀 더 많이 보게 되는 까닭은 그만큼 성숙했다기보다는 나를 고쳐야 할 것들이 더 많다는 것을 말해준다. 그러면서도 부단히 해결하지 못한 도시의 맥락을 이해하고 다시 거듭나기를 바라는 마음이겠지. 이제 건축이 나에게 주는 '진정성'에 대해 생각을 몰두해 본다. 내 색깔을 내기 위하여 남과 다른 점을 만들어내는 작업. 아직 도출되지 못하고 숨어있는 나와 건축의 재발견을 위하여 모든 것을 진심으로 대하는 법을 배워야 한다. 이 속에서 나의 창의성을 이끌어 내기를 고대하며 내가 가진 건축적 요소들을 조합해 본다. 나에게 주어진 하루 속에 눈에 비치는 것들에 대한 관심과 아직 보이지 않는 진실을 준비한 그릇에 담아내련다.

내가 탄 버스는 종점을 향해 지금도 달리고 있다. 나는 나대로 명상과 감각을 종이 위에 그릴 수 있어야 한다.

지금껏 알 수 없었던 명제들을 분석하고 해석하는 일을 위해 걸어온 나의 길. 끊임없이 움직이고 있는 나의 동선(動線) 위에 '보편성'에 대한 기억을 놓아야겠다.

나의 내일은 어느 누구도 보상해 주지 않는다. 정리되지 않는 원칙들과 관념들이 내 주위를 맴돌겠지만 공정하지 않은 것들과 타협하고,

불편한 것들과 협치하지 않도록 내 몸체의 파사드와 그 내면에 들어있는 몸속 공간의 진정성을 강력하게 주장하고 싶다.

 지중해에 자리한 네 평 남짓한 이 작은 오두막집을 르꼬르뷔제는 가장 좋아하는 집이라고 했다. 몸집이 큰 공간을 만들기보다 마음이 큰 공간을 만들기 위해 모든 불필요한 것들에 집착하지 않으며 가장자리에 내 작은 창의 의미를 되새기며 건축의 진정성을 담으리라. 약 3.6m × 3.6m의 바닥 위에 놓인 가구들과 빈틈없는 미니멀리즘의 단일 공간 속에 숨어있는 진실을 찾아보련다. 전혀 좁지 않고, 부끄럽지 않은 네 평. 거장의 소박한 말이 진실이기를 바라며 날이 저물기 전 작은 창가로 들어오는 바닷바람의 감촉과 바다 색의 신비를 나누어야겠다.

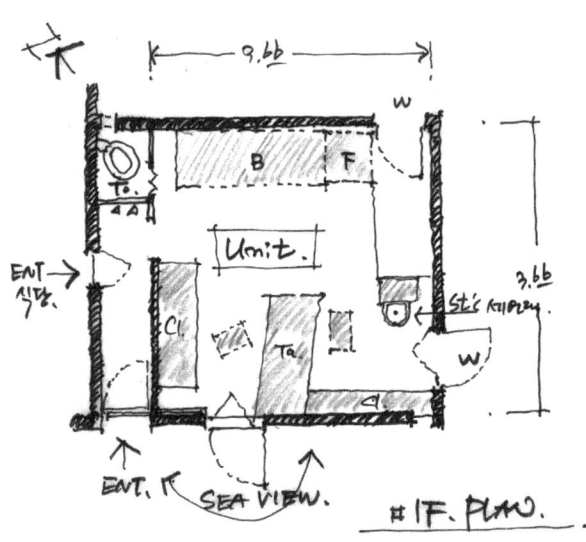

창 (두 번째)

 오늘은 비가 내린다. 몇 해 전, 이사 온 사무실. 기분이 좋지 않은 눅눅함을 묻히고 남쪽에서 바람이 슬며시 들어온다. 자신이 겪은 과거들, 한낮에 있었던 좋지 않은 일들을 고스란히 나에게 일러바친다.

 창을 연 만큼 내 마음도 열렸으면 좋겠다. 저녁 내내 이어질 나와 바람 간의 소통 분위기가 좋아질 수 있도록 말이다.
 단단한 콘크리트 벽과 반대쪽 벽 사이를 헤집고 방향을 잃고서 다시 내 앞에 덩그러니 다가와 마주앉았다.

 나의 시선을 마주한 사람들의 관심이 한 곳으로 집중이 되면 일련의 보이지 않던 원칙들이 난상토론을 하듯 뭉쳐진다. 바람의 속내도 그랬을까. 습기를 잔뜩 머금은 롤페이퍼(계획지)도 수줍은 듯 몸을 비틀고 다소곳이 몸을 기울인다. 통로를 만들고 그 속으로 서로의 입김을 불어넣으며 그 단련된 벽들의 이야기를 듣는다. 창밖의 하늘이 가져다주는 창작 동기와 기묘한 은유에 공감을 했다.

 유혹을 하고 때로는 유혹을 당하는 오늘의 현실이 마음의 감기를 지독히 앓듯 차갑고 창백한 공간의 구조물과 같다. 그 속에 '숨'을 불어넣는 일에 몰두하련다. 내가 정의한 경계의 선(線)형과 서로 짝을 맺어주는 일이 바로 숨을 불어넣는 작업이다. 사람과 사람의 교행처럼 지극히 일방적이고 직설적인 자세가 초래하는 엄청난 결과는 아주 단순하게 나타나는 법이다. 경계 없는 관계를 만들어가기 위하여 한 자쯤 앞에 서 있는 이 사람을 좀 더 충실하게 알아보고 다가가는 것만이 함께 통행할 수 있는 유일한 길이다. 들어온 길을 찾아 내가 다시 바람이 되어 나간다 하여도 꽃같이 아름다운 사람의 속사정(마음)을 버릴 수는 없지 않은가. 그래서 사랑하는 법을 알지 못하면 사랑받을 수조차 없기에 창문이 다시 열리기 전에 바람에게서 전해들은 옛이야기를 읊조리며 오늘밤 안으로 그 소식들을 읽고 또 읽어야 한다.

깊은 어둠이 찾아오면 닫힌 창에는 창밖의 세상은 온데간데 없고, 창에 비친 나밖에 없다. 검은 유리는 아무도 들이지 못하고 세상의 이야기와는 절교시키고야 말 테니까.

시간이 되면 비의 색(色)을 공유해보고 싶다. 오늘 저 비의 과거를 물어 온 흰색 창가. 온통 검게 먹칠된 밤을 둘이서 나누리라.

마음의
기차를 타고

"맞아, 오늘같이 이런 날엔 아무 일 없듯이 모르는 체하는 게 옳아. 너무 많이 걸었잖아."

철제의자가 내게 말을 건넨다.

예리한 칼끝을 세상을 향해 들고 서서 날카롭게 덤비던 패기로 너무 분주했던 지난 나날들. '충고와 간섭'을 멀리하며 항상 홀로서기를 고집하며 항상 나만을 위하여 달려왔더니 이젠 너도 나를 외면하는구나. 내 등 뒤엔 항상 진실이 숨어있었거늘 한 번도 제대로 돌아보지 못한 여운이 남는 하루. 내가 가는 길이 명주처럼 고운 길인줄 알았는데 이제 네 앞에서 무릎을 접고 나는 결국 지치고 말았네.

어쩌면 누군가는 내 키보다 훨씬 높은 계단 위에서 나를 한심한 듯 가엾게 내려다보겠지만 난 그래도 나의 길을 묵묵히 걷고 싶다.

그다지 특별하지도 않으면서 특별한 것처럼 잡지도 못할 것을 얼마나 잡으려 애를 쓰고 있던가.

"그래, 나에게 필요한 것은 휴식뿐이야. 일시 정지가 필요해." 내가 의자에게 말했다.

그렇다고 털썩 주저앉진 말고 내 거친 숨을 잠시 참고, 나의 요동치던 맥박수를 잠시 줄이면서 낮은 의자에 몸을 내어주는 것일 뿐이다.

앞마당에 언제부터 있었는지도 모를 한 그루 소나무가 나를 위로한다. 그래 앞으로 가는 기차말고 이젠 뒤로 가는 기차를 타 보자. 거꾸로 가는 기차를 타고 목적지가 '화성'인 기차에 몸을 실어보자. 물론 돌아오는 차편은 예매를 해두고 별이 빛나는 새벽 기차로 다시 오리다.

이미 생활의 교훈은 잊은지 오래다. 하지만 추처낭중(錐處囊中)의 생각으로 쓸모 있는 나를 만들어보련다. 나를 지배하려는 검은 악귀들을 물리치고 넝마주이 길로 들어보련다.

건축의 타당성에 대한
변명거리

알 수 있는 것과 알 수 없는 것들이 온종일 나를 괴롭히고 궁지로 몰았다. 지킬 수 없는 기준을 스스로 만들어 놓고서 결국엔 디자인이라는 명명 하에 나는 '진실' 혹은 '거짓'을 오가며 궁색한 변명을 종이 위에 늘어놓을 준비를 하곤 했다.

'안정적'(인 것)과 어제보다 좀 더 진보한 '창의적'(인 것)을 내세우며 끄적거린다. 그리고 반전을 기대하고 내일을 꿈꾸려 한다.

그토록 절박하고 간절했던 내 청춘의 그때. 어쩌면 이미 희나리가 되어 일찌감치 어딘가에 잠들어 있는지도 모른다. 모방과 흉내 내기로 위세를 떨치고 이름을 날리기를 고대하며 지새운 나날들에 나의 열정과 용기는 정말 존재했던가.

그런 의미로 반성의 상현달이 마명산 꼭지를 반쯤 비추고 있다. 건축가이기에 진심으로 〈생태적 환경〉에 대하여 또 도시의 가로에 대하여 한층 더 현실적이고 구체적으로 접근하고 건설적인 자세로 도안을 내놓아야 할 지금.

사그라지는 모닥불 앞에 웅크리고 앉아 나에게 주어진 내 명(命)을 끈질기게 이어가기만을 기다려본다. 〈알지 못함〉의 무지에 관해 너무나 끔찍할 정도로 태연했던 내 어제와 그제의 건축적 모든 것들을 신랄하게 성토해내며 이젠 회상하자.

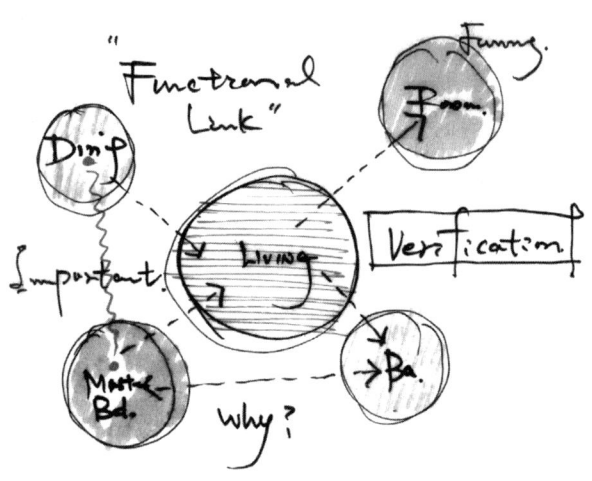

건축을 모르는 내 삼십년 지기는 아직도 나를 부러워하고 존경스럽다고 말한다. 이것은 대기업을 평생직장처럼 일하고 임원이 되어 있는 그를 번지르르하게 겉멋만 잔뜩 든 동네 건축가인 내가 부러워하는 줄도 모르고 하는 말이다. 며칠을 고민하고 무언가 만들어 내고 나면 '내 것이 제일이겠지'하면서 늘 나의 대안을 추켜세우고 뻔뻔스럽게 잘난 척은 제일 많이 해왔다. 그런 내가 오늘은 참 얄밉다. 내 것이 가장 최상이며 보편적이고 또 가장 타당한 것이라고 자만하며 스스로를 용서해왔다. 누군가의 품평을 통해 거침없이 계획안이 난도질이 되었을 때는 너무나 부끄러워 핑계거리를 주섬주섬 찾겠지.

　도대체 오늘밤 어디까지 내 고민은 끝이 나는 걸까? 정말 내 그릇의 용량은 한 아름에 충분히 잡고도 남는 걸까? 내가 나를 설득할 수 있을까? 수많은 원칙들을 줄 세워 놓고 내가 그것들을 충분히 지키면서 갈 수 있기를 다짐해 보지만 사회와 〈협상〉을 하는 순간 나 역시 무너지고 말 것이다. 그러나 훗날 나를 돌아보며 원하지 않는 〈타협〉을 일삼는다면 난 건축가로서 자부심을 잃고 말 것이니 궁색한 변명을 늘어놓지 않도록 조심 또 조심하며 살 것을 다짐한다. 규칙과 질서는 지키려고 만든 것이니 이에 대해 내가 선의의 피해자가 될지라도 스스로에게 당당함은 유지하는 것이 옳다고 본다. 잘못된 성취는 결국 자신을 초라하게 만들 수밖에 없다는 신념을 지켜야 나를 보고 있는 지인들과 내 후손들에게 떳떳할 수 있고 그래야만 내 인생의 오점을 줄일 수 있을 것이다.

　내일도 내가 만날 문제들을 해결하는 데 있어서 〈양심〉과 〈진심〉을 가지고 한올 한올 실타래를 풀어가련다.

나무와
비에 대한 감상문

내가 사는 세상에는 땅으로 떨어지는 것도 있고 땅으로부터 자라나는 것들도 있다. 그리고 어디에도 머물지 않고 자유로운 영혼처럼 떠도는 것들도 있다. 그러고 보면 건축도 지하층을 빼고 나면 땅에서 만들어지는 것이기에 자라나는 것이겠다. 대지 깊숙이에 뿌리를 묻고 탄탄하게 지지하여 솟아오른다.

집을 짓게 되면 으레 만들게 되는 조경 공간에는 크고 작은 나무를 심게 된다. 나무는 집의 분위기를 살리는 소중한 조력자로 건물의 크기에 따라 식재의 면적도 달라진다. 시간을 따라 자신의 키를 키우다가 시간이 되면 계절을 따라 자신이 키운 잎들을 하나씩 하나씩 떨군다. 사람으로 치면 어쩌면 가장 정직하고 욕심 없는 부류로 평가될 것이다. 가장 침착하고 일관적이다.

공간을 만들어내는 가장 큰 요인은 건축물도 있지만 그 다음이 조경이 아닌가 싶다. 한 그루 나무가 가져다주는 정취는 마음을 침착하게 만들어 공간과 가장 잘 어울리는 파트너이다.

오늘 오후, 창밖으로 나무가 비를 만난다. 기와 끝을 타고 곤두박질 치는 비. 과감히 온몸을 던져 땅이며 나무며 가릴 것 없이 희생을 한 다. 그리고 나무에게는 값진 영양분을 준다. 내게는 없는 용기와 다부 짐은 가히 배울만 하다. 누구에게나 필요하고 어울리는 존재. 그런 빗 방울 같은 존재가 나는 될 수 없는가.

그릇이 원형이면 그렇게 담기고, 작으면 작은 대로, 길쭉하면 길쭉 한 대로, 형태가 없으면 그냥 없는 대로 스며든다. 그런 너그러움이야 말로 비가 나에게 주는 교훈이다. 나는 오늘 두 가지를 배운다. 한 발 짝도 움직이지 못하는 한 그루 나무에게서는 〈신뢰〉를, 형체도 없이 세상을 호령하듯 내리는 빗방울에게서는 〈패기〉를.

오늘은 내가 가지고 치유해야 할 것들을 열거해보면서 겉으로 난 상처에는 '소독'을, 내 속으로 난 상처엔 꼭 '해독'을 해야겠다.

내가 만들어낸 둔탁한 콘크리트 옹벽의 거만함을 잠재우기 위해서 마음을 '치환'할 시간이 온 것 같다. 속이려 들지 말고 오히려 속임을 당하고 지적을 하기보다 오히려 지적을 당하리라. '나무'와 '비'를 보면서 정녕 내가 가는 이 길의 '가치'를 다시 한 번 만들어보면서 절망이 아닌 희망을, 단절이 아닌 연결의 의미를 곱씹어보겠다.

PART 2

그래도
나를 버릴 순 없다

거실은 마음을
누르는 운동장이다

집의 설계에서 가장 쉽고도 어려운 곳은 바로 거실이다. 완벽한 독립과 프라이버시가 필요하면서도 가장 오기 쉬운 곳에 두어야 한다. 그렇다고 집의 중심이 되는 공간이라 하여 중간쯤에 아무렇게나 놓아둔다면 흔히 보는 공동주택의 볼품없는 통로밖에 되지 못한다. 연면적이 큰 집이라 하여 거실도 커야 하는 것은 아니다. 중요한 것은 그 집을 배치하면서 거실이 어떤 역할을 해야 할지, 무엇을 볼 수 있어야 할지가 관건이다. 현관 또는 중문을 열자마자 웅장한 거실을 보면서 크기에 놀라 '우와'한다면 좀 더 공간을 볼 힘이 필요하다. 누워있는 누군가를 바로 보이게 하기보다는 이야기의 장(場)이 되기 위하여 무엇과 이곳을 이을지 꼼꼼히 챙겨보아야 한다. 무심결에 그려 넣은 침실문과 가구가 빼앗을 시선과 소리를 감당해낼 자신이 있다면 문제가 되진 않겠지만 그렇게 되면 이 집의 중심(中心) 또한 없어지고 만다.

도심지 공동주택의 거실로 낸 창은 조망이라기보다는 최소한의 일조가 목적이다. 발코니가 없는 거실은 어쩔 수 없이 계획되긴 하지만 '완충 공간(Buffer Zone)'이 가져다주는 긴요함은 자연을 끌어오는 매개공간이기에 반드시 만들어야 할 필요가 있다. 자연을 잇는 '중매쟁이'인 것이다. 거실과 발코니가 선사하는 이 운동장 같은 자격을 부여하고 서로의 안부를 묻는 대로변의 '공개공지' 같은 것이다. 내가 이들을 위해 오늘 준비해야 할 것은 '햇살과 중정이 보이는 '창'뿐이다.

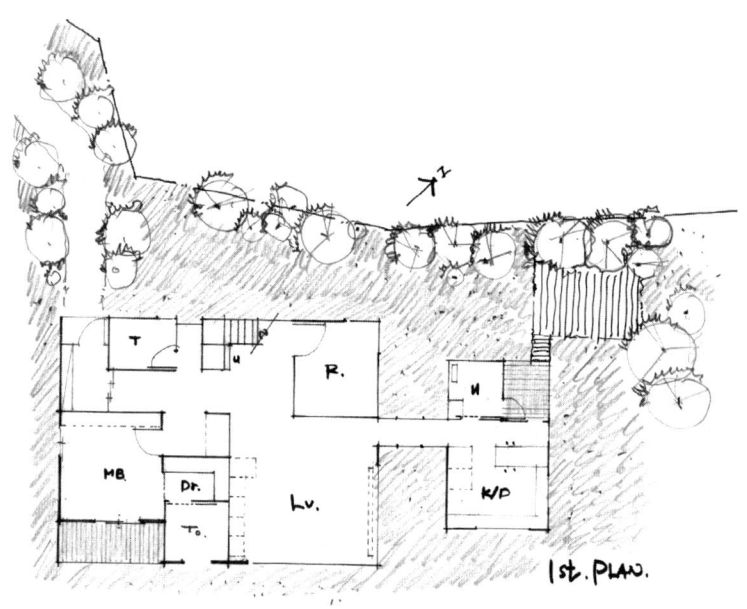

숲은 금(金)인 게 확실하다

2000년대가 시작되고 몇 년 지났을까. 결혼을 앞두고 나는 직접 건축를 설계하기보다 발주를 하는 일도 괜찮겠다 싶어 산림 일을 하는 공기업으로 잠시 자리를 옮겼다. 그리고 삼 여년을 숲을 통한 치유와 산림교육을 하는 공간을 만들고 프로그램을 운영하는 조직의 일원으로 잠시 새로운 길(외도)을 택했다. 당시에는 새로운 길로 떠나는 것에 대해 막연한 불안함을 느꼈지만, 돌이켜보면 산과 나무를 통해 많은 것을 배울 수 있었던 값진 순간이었다.

그 후 휴양림에 관한 설계와 감리 업무를 조금씩 하게 되면서 산과 나무가 사람의 '문화'에 지대한 영향을 준다는 것을 느끼고 있다. 사람은 누구나 행복해지길 원한다. 그리고 그 행복은 뜻밖의 것에서도 오고 우연한 기회에 누구에게나 올 수 있다.

그러다 보니 목조건축에서 전해오는 온유함과 따사로움을 좀 더 가까이에서 느낄 수 있었다. 콘크리트 건물이 가지고 있는 강직함과 단단함은 건축물이 구조적으로 갖추어야 할 아주 기본적인 것이지만 나무 역시도 그 기능을 발현하면서도 사람을 위한 공간을 만들어낼 수 있다는 것도 알게 된다. 그러면서 자연스럽게 숲이 사람에게 주는 '이로움'과 '지혜로움'을 간접적으로 배울 수 있었다. 어느 순간 '숲'이라는 글을 물끄러미 보고 있으면 숲(쇠 금)같이 보여 정말 지친 사람에게 초록이라는 색으로 사람을 치유하는 황금 같은 존재이겠구나 싶다. 숲에는 여러 가지가 있다. 나를 숨겨주는 〈비밀의 숲〉, 외로움을 달래주는 〈이야기의 숲〉, 뭐든지 안아주는 〈엄마의 숲〉. 그렇다. 숲은 언제든지 나에게 여러 형태로 다가와 주었다. 글루렘으로 엮인 웅장한 공간, 맨발로도 걸어 다니기 좋은 데크목, 방 안을 가득 채운 자작나무의 피톤치드까지. 이렇게 나무는 살아서는 푸른 호흡과 숨(Breath)의 공간을, 죽어서는 사람의 공간과 그루터기라는 쉼 공간을 내어준다. 그래서 아낌없는 나무라고 하지 않던가.

아무리 딱딱하기 그지없는 건물도 링거처럼 그 아픈 구석구석을 찾아 치유를 하듯이 편백나무 한 그루도 한적한 자투리 땅 한자리를 차지하면서도 기필코 경작된 응어리진 가슴을 풀어내고야 만다.

그래서 숲은 때로는 금(金)처럼 뜨겁다. 불꽃이다. 침울해져 있는 내 마음을 이끌어내어 닦아준다. 햇살이다.

잠에 대한
예찬록

올해로 벌써 대학 강의를 10년 넘게 해오고 있다. 1학년 수업을 맡으면 주택설계 첫 과제로 늘 방과 부엌의 가구 크기를 직접 재보라고 한다. 사실, 실측을 하고 축척자(Scale)를 사용하여 실물을 축소하여 도면에 옮기는 것은 아주 귀찮은 일이다.

지극히 사적인 방은 가장 자기다워야 하며 누구에게도 방해받지 않아야 하며 아무런 훼손 없이 오롯이 나를 보호하는 창살이 되어야 한다. 대부분의 아이들은 문을 꼭꼭 닫고 소통을 회피하지만 이 또한 자신을 독립시키고 구속받지 않으려는 본능이기에 탓할 필요도 없다. 이 집을 사용하는 몇 안 되는 가족이 각자의 영역을 확보해주는 일에서부터 건축설계는 시작된다. 건축 각론에서 침실의 크기는 대부분 정해놓았다. 누울 공간의 크기(침대)를 시작으로 가구와 마감의 색, 수납, 작업 공간 그리고 조명까지 설계하는 것이 건축가의 몫이다.

중학생 때 읽은 알퐁스도데의 〈별〉이 생각난다. 설레는 가슴으로 누군가와 밤하늘의 별을 올려다보고 잠들 수 있는 시간. 떨리는 손이라도 함께 있는 것만으로 교감이 되는 공감. 건축은 어쩌면 보이지 않는 것까지 담아 둘 수 있는 마음의 바구니이다. 내가 때로 천창(Top light)을 만들어 위를 볼 수 있게 설계하는 이유도 그래서일지 모른다. 1척밖에 되지 않는 작은 창은 수억 광년의 별빛을 다 담아올 수 있으니 몸이 누워있을 수 있는 이 좁은 침대 위는 어쩌면 우주의 크기와 똑같다.

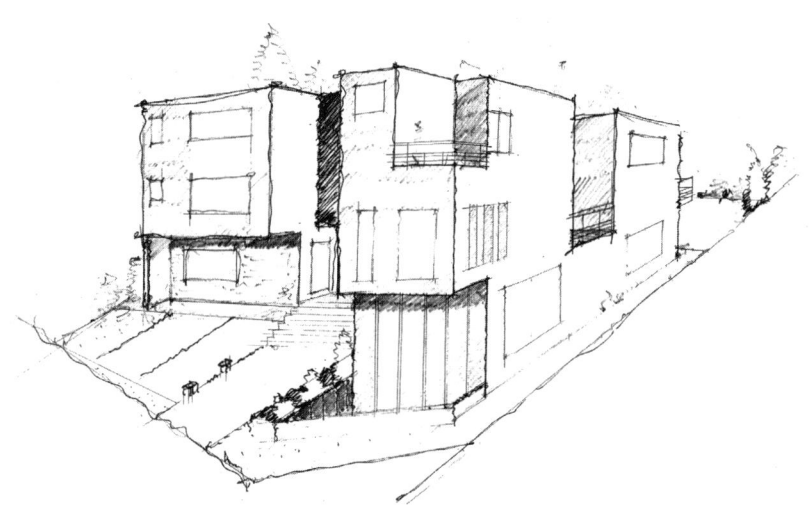

누군가를
앉힐 수 있는 조건

"맞아. 이럴 땐 잠시 쉬어 가는 거야.", "많이 걸었잖아.", "충분히 쉴 자격이 있어." 평상이 내게 말했다. 세상을 향해 날카로운 칼날 같은 패기로 일어서고자 분주했던 지난 나날들, '충고와 간섭'에 대해 항상 스스로를 외면하던 나. 내 등 뒤에 숨어있는 진실과 보석들을 한 번도 돌아보지 않고, 내가 가는 길 위의 쉽고도 편한 꽃들만 바라본 것은 아닌지. 그러다 저녁이 되기도 전에 나는 지치고 말았다. 어쩌면 이미 누군가는 저만치 높이의 계단 위에서 나를 내려다보며 가엾게 지켜보았겠지. 하지만 나는 아무 것도 모른 채 걸었지. 특별하지도 않으면서 특별한 것처럼 착각하고 보이지 않는 것을 위해 쓸데없는 집착을 하는 시간을 보내기도 했다.

그래. 내게 필요한 것은 '잠시 멈춤' 정도이다. 털썩 주저앉지는 말고. 내 거친 '숨'을 잠시 참고 요동치는 맥박수를 줄이며 잠깐 여기에 앉는 일이다. 내 머리 위로 하늘을 날다가 고개를 돌려 나를 보고 있는 이름 모를 조류 한 마리. 저 눈빛은 뭐지? 〈한심한 듯〉, 〈불쌍한 듯〉. 앞으로 가는 일 말고, 뒤로 가는 일에도 마음을 좀 내놓자. 오늘 한낮에 나를 궁지로 몰고 정신없게 만든 모든 것들을, 나를 위한 이 평상에 털썩 내려놓고 해답을 들어보리라. 밤이 될 때까지, 별이 나올 때까지 나는 그냥 여기 있기로 했다. 평상이 다시 내게 말했다.

"참 잘했어."

불꽃은
화려하지 않아도 된다

살아가면서 '결심'을 하고 삶의 '경계'를 짓는 일.

그러나 수천 번 '반성'을 반복하고 자신을 성찰하는 과정을 통해 누구나 요동치는 인생의 그래프를 그리며 제각각 살아가고 있다.

건축설계를 하면서 반드시 누군가에게는 '이로움'과 '해로움'이 공존한다는 사실을 알면서도 결국 목적지에서는 한 가지를 채택해야 한다는 것을 발견한다. 모든 일이 간절히 바란다고 이루어지는 것은 아니다. 떨려오는 내 목소리에 또다시 귀 기울이며 쉽게 얻을 수 없는 세상을 구걸하면서 타지 못할 불꽃을 지핀다. 살아가면서 용서란 정말 존재하지 않는 것인가. 서로가 서로를 용서하기에 앞서 내가 나를 먼저 용서하는 해법을 터득하는 일. 한참을 망설이고 갈등을 하여도 나의 화려함과 고결함은 찾기가 참 힘들다. 궁리 끝에 얻어낸 나의 변명을 늘어 놓고 나면 나에게 남아있는 것은 언제나 반성뿐. 나의 오늘은 더듬기 시작한다. 촘촘히 걸려있는 이해와 진실의 공간에서 결국 나를 안내하고 인도해 내는 것도 내 몫이다. 더 지치기 전에 거추장스러운 외투를 벗어던지자. 내가 온몸으로 이 세상을 모두 흡수하기에는 능력이 모자르다. 화려한 내 불꽃이 활활 타오르는 것은 다음의 문제이기에 방랑주의 같은 내 왜곡적인 건축적 틀 속에서 오늘은 다붓하게 익어 가리라.

사랑방 하루처럼 종일 피어있는 끈질긴 생명력이 작은 불씨처럼 소멸하리라.

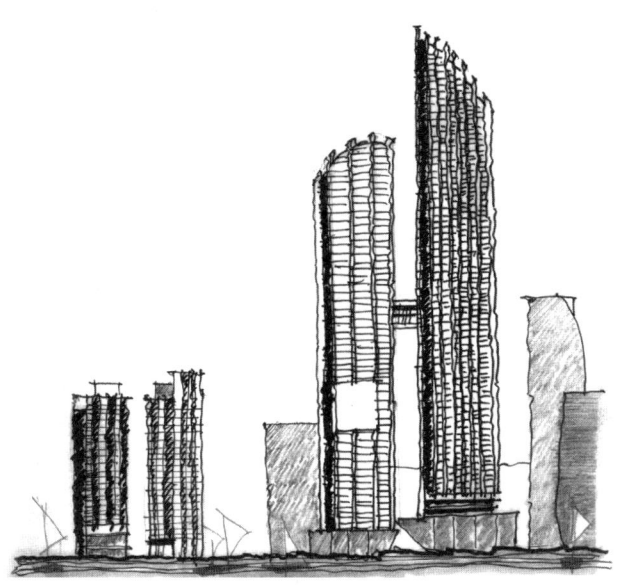

집
이야기

너의 집이고 싶다.
남은 별들을 모아 너의 새벽을 지키고 하얀 너의 숨소리도 감싸안을 집. 너의 그런 지붕이 되고 싶다.

나를 키워낸 지나간 아버지의 '손길'처럼.
아버지를 키워준 아버지의 또 그 아버지의 그 '손길'처럼.

늘 그렇듯이 설계할 때마다 집이 가져야 할 소중한 역할을 생각하게 된다. 집은 일상을 눕히고 요란한 하루를 안식하게 해 주어야 한다. 2차원의 빈 터 위에 가장 어울리고 그들의 속사정을 모두 나열하며 조목조목 마음의 지붕처럼 콘셉트들을 열거하고 조닝(Zoning)을 한다. 아버지의 손처럼 투박하고 거칠게 시작하였으나 구석구석을 손보며 정열을 쏟는 간섭도, 질책도 아닌 너그러움으로 남아야 한다. 아버지가 떠나고 남은 아이는 슬프지만 텅 빈 아버지의 흔들의자가 이야기하는 소리를 그제야 듣게 된다.

결정적인 하나를 얻었다. 아무도 나를 가르치지 못했고 아무도 나를 관심에 두지 않았지만, 마음의 공간이 자리했다는 것으로 아이는 훌쩍 성숙해지고 이제는 아버지의 마음으로 돌아온다. 온갖 여름 풀들이 가득한 정원을 서성이며 작은 가지 사이로 흘러오는 작은 이야기들을 담는다.

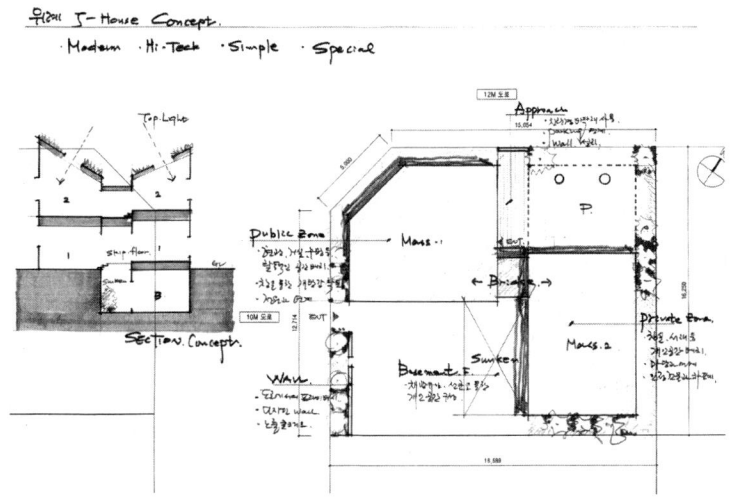

처마로의
기행

 오늘 내가 할 수 있는 가장 쉬운 일과 가장 어려운 일을 저울질하면서 잠시 나를 이곳에 뉘기로 했다. 금요일 오후 일거리를 싸들고 작업실이 있는 양평 성덕리로 걸음을 옮겼다. 배알미동을 지나 한강 물길을 따라 벌써 퇴촌을 지난다. 정숙한 강줄기 수면 위로 복잡한 내 얼굴도 따라온다.

 〈처마 끝엔 가을 눈물이 뚝, 뚜욱 맺힌다.〉

 퇴촌면까지 오면 손만두집 하얀 김이 가던 길을 세우고, 새로 생긴 빵집 마당에는 금세 차들로 가득 찬다. 첫사랑처럼 가녀린 코스모스는 내 갈 길을 아는지 먼저 줄을 세웠다. 월요일부터 지금까지 반복한 내 실수들을 감추기 위해서 얼른 보이지 않는 〈쉼〉에 들어야 한다.
 지킬 것도 없는 '비밀'을 움켜쥔 채 어느덧 동오리를 지나고 예상 밖으로 꽤나 법석이는 한정식집 뒷길을 넘었다. 몇 명도 채 안될 강하중학교는 깡촌 분교처럼 보였지만 영웅이 될 농촌 아이들의 꿈들이 교기처럼 펄럭이고 있다. 달려온 거리 30km쯤 되면 M 방송사 전원마을을 알리는 다리가 나오고 건천이 아닐 만큼의 물길 옆으로는 새로 난 데 크길도 덩달아 본 강까지 따라 흐른다. 마지막 힘을 내면 별 것도 아닌 우리 집 처마 수키와들이 열병식의 병사처럼 나를 향해 팔을 뻗고 마중을 한다. 1924년 초가지붕을 시작으로 세상에 단련된 힘으로 세월을 이겨낸 고즈넉함. 처음부터 추억에 동참한 것은 아니지만 나를 이곳으로 부른 이유는 충분했다.

내가 품기 전에 이미 나를 안을 준비가 된 이 마당 한가운데. 이제 나의 어둑한 고백들을 하나씩 풀고 갈 시간이다. 모른 체 하면서 순간 순간을 모면하고 핏기 없는 얼굴로 늘 제자리에서 맴돌던 부끄러움들도 다 받아줄 기세다. 생각해 보면 한 번도 혼자서는 일어서지 못했으면서 늘 칭찬받기를 갈망했고 능력보다는 내 욕구를 더 크게 스스로 인정했던 차가운 과거들. 언제까지 그럴 수만은 없을진대 쉽게 내려놓질 못한다. 이 대단한 자신감을 오늘 처마 끝에 앉아 한 번 따져 보리라. 내가 나를 정말 선택할 수 있는지 정녕 내가 설렘의 대상인지 그 생각의 꼬리에 꼬리를 잡고 그림자 뒤를 한번 적나라하게 캐보리라.

"뚜뚜-둑 뚝뚝"

빗물인지 눈물인지.

밥을 짓는 것은
집을 짓는 것보다 중요하다

밥알들이 주걱 속에서 뒤엉키며 그릇에 담긴다. 당연한 것처럼 아내는 잊지 않고 오늘 아침상을 준비했다. 품격 있는 식사란 식단을 말하는 것이 아니라 '맛있는 공간'이 부엌으로 만들어졌을 때 매력적으로 바뀌는 것을 말한다. 남자들도 부엌을 자주 드나들며 보편화된 레시피로 요리하고 제법 능숙한 솜씨로 워질까지 하는 요즘, 이제 이곳이 집의 중심공간이 되었다.

부엌은 다른 공간과 달리 확실한 동선이 있어서인지 움직임에 대한 기본적인 것과 개인의 취향에 따라 집의 분위기를 좌우하기에 충분하다. 편리함과 이용성을 기본으로 한 다양한 가구의 구성을 통해 건강과 휴식 그 이상의 의미를 가지고 있다. 또한 식자재의 보관(냉장고)에서 준비(개수대)를 거쳐 조리(가열대)를 한 후 식탁으로 음식이 도달할 때까지의 매끄러운 완벽한 동선을 구현해 내는 일. 그리고 채광을 통해 쾌적한 식음이 될 수 있게 하는 게 부엌설계의 핵심이다. 거실을 포함하여 하나의 공간(LDK)으로 만들기도 하지만 때론 단독주택의 경우 분리형(L, DK)으로 만들기도 한다. 아울러 식자재를 보관할 수 있는 보조주방, 다용도실과 창고 등을 인접시켜 냄새와 수납을 해결하는 것도 좋은 건축적 방법이 된다.

작은 땅에 설계를 하다보면 시행착오들을 겪게 되는데, 쓸모없는 공간에 다용도실을 마지막으로 계획하면 보일러와 세탁기 설치를 하기 위한 출입문의 크기를 간과하는 경우가 있는데 이때 각별한 주의가 필요하다.

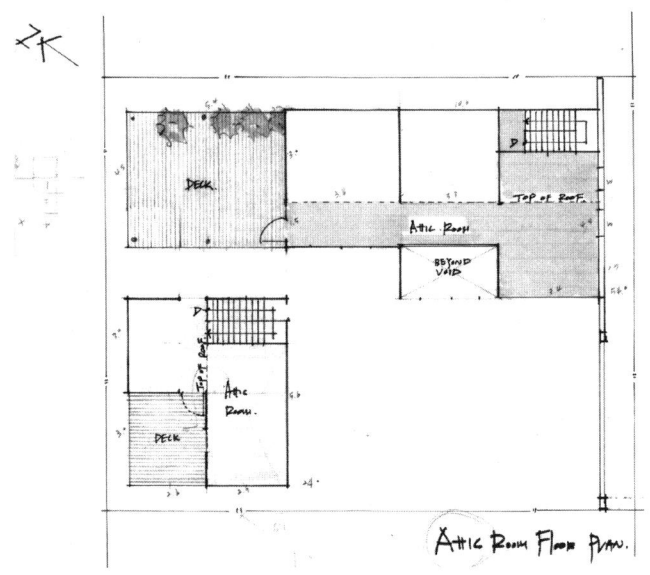

무릇 집이란 가지런하면서도 정성스럽게 차린 밥상처럼 지어야 하는 법이다. 마음의 양식은 책으로 채우고 몸의 양식은 잘 끓인 미역국이 채우듯이 부엌의 공간에도 지혜의 경험을 담아야 한다.

끊어진 대화를 잇는 것은 '양보와 배려' 없이는 불가능하다.

'홀로 존재할 수 없다'는 것과 '들어줄 용기가 있다'는 두 가지가 식탁 위로 올라온다면 맛있는 식욕과 맛있는 건축 모두 가능하게 한다. '함께'라는 관계가 만들어낸 '공유'를 통해 건축의 쓸모에 대해 생각을 또 하게 하는 식탁.

오늘 나의 밥상머리 건축이 실력을 발휘하고 있다.

아주
사적인 툇마루

양평집에 옛 친구가 찾아왔다. 능소화 넝쿨이 담타기 시합을 하던 여름 저녁. 차 한 잔이 나왔다.

혼자서는 엄두가 나지 않았는데 마당에 숯불을 지펴 오래된 기억 속의 옛이야기를 안주로 올려놓는다.

자랑이라고는 하나 없는 건축사사무소의 멋쩍은 일상에 대하여 낱낱이 성토를 했다. 때로는 자신감을 떨어뜨리는 꽤 얄미운 성품의 의뢰인을 만난 일, 허용되지 않는 위험하기 짝이 없는 일들을 맡으라는 말도 안되는 요구와 변칙적인 방법으로 주변을 어지럽게 하는 다양한 건축설계 상(商)행위를 겪은 후담들. 시장 난전의 잡동사니들처럼 낡은 것을 파는 것이 아닌 새로운 공간에 채워질 생활의 전부를 거래하는 것이 건축이거늘 채소를 팔듯이 흥정을 하는 의뢰인. 끝까지 자신의 근거 없는 처지를 이야기하고는 나의 정보를 견과류 먹듯 또 쏙쏙 빼가는 얌체 같은 사람들의 에피소드까지. 자랑도 아닌 비효율적인 나의 일상을 이렇게 밤 늦도록 열변을 토한다.

마침 처마에 저녁달이 걸렸다.

시름시름 앓고 있는 내 마음을 위로하기 위해 온 것은 아니지만 때마침 찾아온 친구가 반가울 따름이다. 어찌 보면 참으로 다이내믹하기도 하고 웃음거리가 될 것들이지만 삶의 이야기는 언제나 사실에서 오기에 애절하다. 잠시 달빛도 툇마루에 내려앉아 함께 내 이야기를 들어주었다. 기억을 유년의 과거로 돌리고 내가 건축을 시작하게 된 이유와 지금의 생각들을 전했다. 얼마 전 동료 건축사가 "저는 저소득 전문가입니다"라고 자신을 소개했다는 말을 들었다. 웃음으로 넘기기엔 현실을 너무 잘 반영한 재치있는 한 마디였다.

마음먹은 대로 되지 않는다하여 '성공'이나 '실패'라고 단정 지을 수만은 없지만 스스로를 성토하면서 보낸 오늘의 일들이 무너지고 있다는 것은 지울 수가 없다. 모든 일이 다 그렇지만 특히나 건축은 자신

만의 무늬와 색깔을 주지 못한다면 보통의 품앗이하는 일꾼에 불과하다. 가슴이 시키는 대로 행하지 않고 손 가는 대로 작업을 한다면 일 년이 되어도, 십 년이 되어도 그 쓸모없는 공간을 만든 것에 대한 도의적 책임은 평생을 지고 살아가야 할 것이다.

마음의 정원이 필요했다. 내가 나를 공감하는 시간, 아니 공감해주는 또 하나의 장소. 새로운 것을 발굴해내기 위함이란 손쉽게 주어지는 것이 아니란 것쯤은 익히 알고 있지만 변화를 두려워하고 모험을 피하게 된다면 나의 이 사색도 변변치 못한 나만의 비밀로 남을 뿐이다.

그 사람

경기도 용인의 한 오피스텔 점검을 다녀왔다.

일을 하다가 아주 작은 꽃집 하나가 길가에 앉은뱅이처럼 자그맣게 서 있는 것을 보았다. 작은 가정집인가 했더니 조그만 간판에는 이렇게 쓰여있었다.

'가장 예쁜 꽃'
'너라는 꽃'

그렇다. 온종일 사람을 만나고, 모니터에 온갖 정보들을 섭렵하고, 무수한 일들을 만들어도 오늘 나를 해맑게 반겨주는 이가 단 한 사람이라도 있었던가! 아니면 그 사람이 나였던 적이 있었는가?

어쩌면 이 질기고, 딱딱한 거친 건축의 벽 속에서 내가 그 꽃이 되는 건 어떨까. 내가 그 꽃이 되어 누군가를 마중할 수 있다면 더 좋겠다.

참 이상하다. 그 작은 꽃집의 간판이 돌아오는 내 마음에 꽃향기처럼 피어올랐다.

교감(Communion)하기
좋은 수업

　이번 학기 설계 주제는 종로 구도심 구릉지 한 켠에 있는 작은 미술관이다.

　사람이 사람을 만나듯이, 건축가도 늘 '땅'이라는 목적물을 만나 첫 대면식을 현장조사라는 것을 통해 치른다. 첫사랑처럼 설렘까지는 느끼지 못하더라도 대지와의 첫 만남은 궁금함으로부터 시작된다. 땅의 생김은 마음대로 바꿀 수는 없기에 침착하게 그 형태를 겸허히 받아이는데, 이것은 '쓸모 있는' 형태의 창작품으로 만들어지는 주춧돌이 되기에 꼼꼼한 해석이 요구된다.

　아무튼 사람이든 땅이든 첫 만남의 시간과 느낌에 대한 소중함을 알고 돌아오는 길. 서촌 마을길을 따라 다다른 마을길. 목적지는 알 수 없지만 바쁘게 움직이는 사람, 어디에 내릴지 모를 사람을 태우고 종착지가 정해진 버스, 오늘 팔아야 될 재료를 한 움큼씩 안고 가게로 향하는 이들이 뒤섞여 필운대로 길을 가득 채운다. 관계와 관계 속에 엮인 도시에 사람, 집, 마을을 연결하는 과정을 통해 제각각인 생각의 형태들을 교감하면서 대지를 돌고 또 돌아본다.

시간은 다르지만 미래 건축가들이 이 언덕을 오르내리면서 어떤 커뮤니케이션을 생각했을까. 나보다 늦은 시간에 이곳을 다녀간 그 흔적을 상상하면서 그들의 시선을 상상하고 주목해 본다.

어머니의 밥상은
겸손하다

봄에도 미처 몰랐던 것들.
여름에도 미처 몰랐던 것들.
그리고 겨울이 되어서야 알게 되었던 것들.
많은 것들이 상처투성이 현실을 쓰다듬으며 차갑게 지나가고 있다.

의미 없는 것들을 동경하며 전혀 생산적이지 않은 것들에 시간을 쏟아 붓고 안 되는 줄 알면서도 그냥 일종의 괴기(?)로 힘을 뺀 나날들이 허다하다. 매일매일이 변덕쟁이인 젊은 시절을 나 역시 보내고 말았지만 그럴 때마다 늘 엄마의 밥상은 나를 극도로 침착하게 만들었다.

어제처럼 오늘도 늦은 야근을 하고 때를 놓친 저녁을 먹고 자정 무렵 아무도 모르는 발소리로 조용히 집으로 왔다.
몇 개월째 같은 프로젝트에 시달리며 키보드 자판을 온종일 누른 왼손과 마우스를 눌러댄 오른손 검지는 오래 방치된 관절병으로 온몸이 욱신거리며 언제부턴가 소리 없는 신음을 하고 있었다. 그래도 나를 등 떠미는 불안함 속에 한 가닥 희망으로 '잘 하고 있는 것인가', '무언가 잘못되고 있는 건 아닐까' 하는 조바심에도 내일을 고대하려 한다.

불현듯 '내 인생은 왜 이리 복잡할까', '내 하루는 왜 이토록 제자리일까'. 두렵다. 잠들기가. 일어나보면 똑같은 하루인 것을. 또 시작되는 새벽 앞에 마주 서야 한다는 두려움. 그렇다고 잠들지 않을 수도 없어 해몽 없는 꿈속을 파고든다.

어머니의 소박한 밥상이 나를 미소 짓게 한다. 내가 벼랑 끝에 섰을지라도 아무 것도 물어보지 않으시고 그 벼랑 끝에서 벗어나는 법 또한 일러주지 않으시지만 나의 어머니는 아들의 흔들리는 현실을 이겨내는 법을 아무런 말 없이 가르치신다. 아무리 초췌하여도 한번도 거르지 않은 나의 아침 밥상에는 '성숙'이라는 반찬이 올라왔다.

봄의
온도

 직업에 따라 계절의 느낌도 다를까.

 몇 십 평도 안되는 사무실 창에 부르지도 않은 아침 햇살이 알아서 들어온다. 여기가 도매공장도 아닌데. 일을 맡긴 건축주들이 오늘도 결과물을 내놓으라고 아침부터 재촉을 한다. 한두 번도 아니지만 '네, 알겠습니다. 조금만 기다려주세요.'라고 시원하게 대답을 해도 언제나 떨리는 손과 마음을 여전히 둘 곳이 없다.

 그보다 나에게 더 급한 일이 화분에 물을 주는 것이라고 외면하다가 오랜만에 난화를 구경하면서 급하지 않은 일을 먼저 꺼내들고 마음을 가라앉혀본다. 봄은 〈게으름의 계절〉이다. 건축가의 지루한 일상 속에서 봄은 햇살만큼 따사로운 넓은 마음으로 작은 일탈도 허락해주기 때문이다.

 건축에도 '온도'가 있다. 마음의 온도를 설정하는 일이 중요하다.
 한순간 뜨거운 불길처럼 비어있는 공간을 단박에 채울 수는 없지만 내 건축의 온도는 '잠시 멈추는' 형태이다. 아니, 그러고 싶다. 머리를 식히고 분주한 손놀림을 하다가도 잠시 호흡을 멈추고 아무 일 없이 잠시 주변을 비워보는 것. 봄 햇살이 옆 403호실로 넘어갈 때까지 스스로를 절제하는 것은 나만의 '공간의 온도'를 결정하는 중요한 요소이기 때문이다. 다시 창작의 왈츠가 흐른다. 오로지 나를 위하여. 내가 그려 넣은 선(線)들이 리듬을 타고 춤을 추게 하였다.

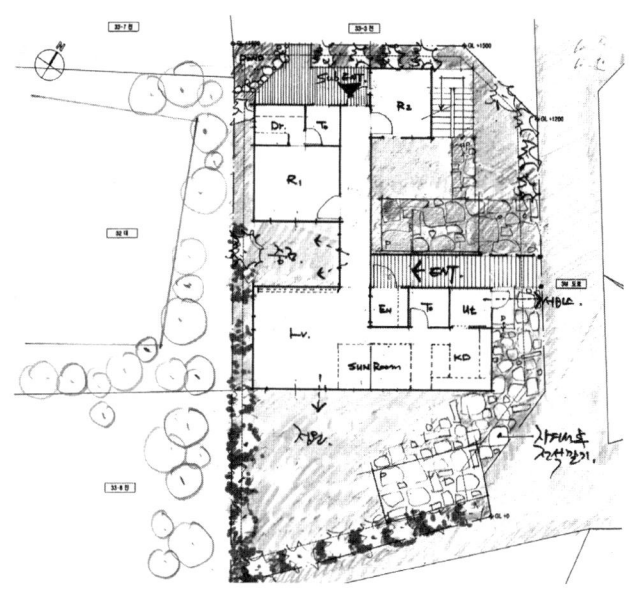

몇 도쯤일까? 또, 나의 뒷그림자의 온도는 몇 도쯤일까?

나의
여름 이야기

내가 이번 가을에 가장 먼저 할 일은

'천천히 해야 할 일들'의 순서를 정해보는 것과
'멀리 가기 위하여 내려놓아야 할 것들'을 정하는 것이다.

포기할 자격도 없는 내가
이 뜨거운 여름을 이겨낼 수 있는 힘은 오로지
'공감' 때문이었다.

버려야 할 것들과
버텨야 할 것들을
털어버리고 난 후
가을로 나는 간다.

비

　내가 사는 세상에는 땅으로 '떨어지는' 것과 땅에서 '자라나는' 것들이 공존한다. 그리고 어디에도 머물지 않고 자유로운 영혼처럼 떠도는 것도 있다. 건축은 어느 것도 아니다.

　회색 콘크리트 돌덩이 옹벽은 아무래도 밑으로 내려 쌓는 것이 건물을 안정시키지만 더 이상 자라지는 않는다. 낙엽을 떨구기도하는 나무는 자연을 답습하며 키를 키운다. 마음을 침착하게 다스리고 미숙한 자신을 돌보며 진정시키는 '비(雨)'가 일러주는 교훈이 있어서이다. 막새기와의 끝을 타고 과감히 몸을 던져 곤두박질할 수 있는 용기가 그에게 있고 가만히 연못에 내려앉아 하루고 한 달이고 욕심도 없이 버텨내는 저 인내도 대단하다. 그릇의 형태를 따라 마음대로 모양을 맞춰주는 너그러움까지.

정색을 하고 제자리에 선 건축물과 가장 잘 어울리는 친구. 감각적인 비(雨)가 나에게 일침을 준다. 무식하고 거친 콘크리트 벽의 거만함을 잠재우며 각진 모서리를 오늘도 천천히 끈질기게 긁어내고 있다.

비밀의 숲으로
가는 길

 나의 출근거리는 20km 가량. 시간으로는 짧으면 삼십여 분, 길면 한 시간쯤. 쏜살같이 곁을 스치는 길 위의 동행자들과 오가며 하루를 미리 정리하고 맞이하는 지독한 혼자만의 시간. 그래서 나는 아무도 말 걸어주지 않는 운전하는 시간이 하루 중 가장 행복한 시간이라고 말할 수 있다.

 동승자 없는 빈 차를 데리고 산길로 들어선다. 숲길은 내가 갈 때마다 이름이 다르다. 마음을 진정시켜주는 자작나무, 누군가의 이야기를 들어주는 편백나무, 번잡한 마음에 친구가 되어주는 층층나무까지. 자신만이 간직할 비밀의 공간이 되어 숲은 늘 나를 안아준다.

꼭꼭 숨어 버린 나의 사치스러운 감정과 어색한 동작까지도 숲은 다 관여한다. 혼자서 여기까지 온 시간과 다시 돌아갈 시간까지 남은 시간 동안 내 전부를 너에게 맡겨본다.

얼룩을
지우다

사랑하던 사람이 곁을 버리고 떠났다.

남은 것이라고는 가슴 속 그의 목소리와 희미한 미소뿐이다. 그의 기억과 기록들을 남은 이들이 정리하고 결정하는 것은 아니겠지만 그가 남긴 흔적은 한동안 마음을 혼란에 빠트리기 쉽다. 그가 나를 버린 것도 아니고 남은 내가 그를 버린 것도 아니다.

보지 못했던 신이 있다면 이 시간은 오로지 회상을 위해 마지막으로 준 시간이다. 자꾸만 자꾸만 그가 남긴 얼룩과 영상이 메아리가 되어 여기로 다시 온다. 등화관제를 하듯 이제 서로의 세계가 분명해졌다. 서로를 만나기 위해서는 이제 꿈이나 상상 속의 소통이 전부다. 그와 걷던 길. 그와 함께 듣던 노래. 그리고 그와 마주하며 마시던 차 한 잔이 바람소리가 되어 나의 곁으로 숨어 들어온다.

먼지 알갱이가 되어 비를 묻히며 내 볼을 적신다.

이토록 사람에 대한 기억은 끊어져도 인연이란 참 질기고 질기다. 세월이 흘러 훗날 내가 떠나는 날에도 그는 한 그루 나무가 되어 내 곁에 서 있을 것 같다.

나도 그 곁에서 슬피 우는 은사시나무로 남고 싶다.

그림자의 길이에 대한 결론

 노후된 사무실 알루미늄 창으로 햇살들이 절룩거리며 들어온다. 못다 그린 스케치 한 장을 어김없이 마구 때린다. 공감 내지는 스스로를 카타르시스에 던져 넣고는 넝마주이 시인처럼 멍청히 햇살을 상대한다. 그리고는 흔들린다. 숨을 수도 없는 현실. 창백해져버린 엄지손톱을 보면서 가상의 나만의 스토리를 꾸며대며 레퍼토리를 만든다. 처음부터 개념(Concept)이란 존재하지 않았다. 독창적일 것이다. 현대적일 것이다. 하이테크하고 유니크한 것이리라. 멋지게 남들의 흉내를 내며 포장(나쁜 의미)을 한다.

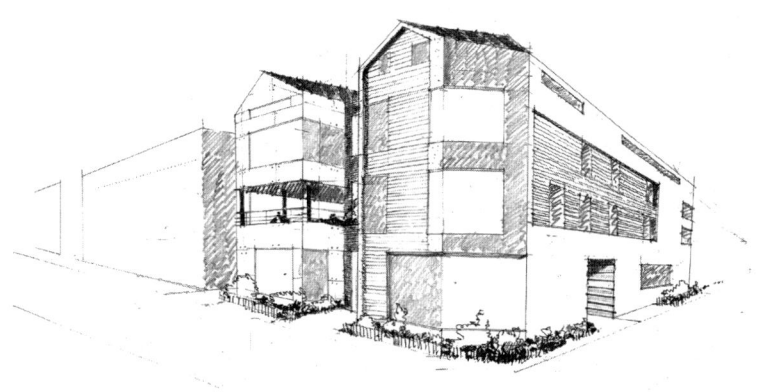

〈내가 얼마나 더 유치해져야 거짓의 길이가 짧아질까〉 그럴수록 내 회색 그림자의 길이는 점점 더 길어진다.

내가 그려낸 공간도 어느 그림자의 빛깔로 다시 나타난다.

마음의 용적을
채우다

　차곡차곡 쌓여간다. 한 주 내내 가슴이 시키는 대로 몸을 움직여 왔다. 먹고 살기 위하여 남의 편에서 나의 정열이 소비되고 밥 세 끼를 챙겨 먹으면서도 내 가슴과 머리는 늘 텅텅 비어 있었다.

　일상이 내게 준 감동이라고는 하나도 챙기지 못하고 돌아온 하루하루. 일정한 간격을 가지고 나에게 규칙적으로 정해진 양(量)을 모두 마감하고 나면 내게는 무엇으로 채워졌을까.

　바닥을 한 층씩 쌓아올리고 그의 층의 합(合)을 땅의 면적에 퍼센트로 환산을 하는 일. 씨름선수와 경량급 복싱선수의 무게와 같이 한마디로 건축물의 덩치라고 보면 된다. 건축에서는 일반적으로 공간의 크기와 경제적 가치가 비례한다고 볼 수 있다. 사람으로 살면서 질량을 늘리는 것은 좋은 것이 아니지만 마음의 양을 키우는 것은 소중한 일이다. 그러나 내 가슴을 채울 수 있는 것이 이토록 미미하다는 한계치를 알고 나면 실망을 하게 된다.

선택이 아니라 의무로 살아가기 위하여 보내고 있는 나의 오늘.
의미 있는 무언가로 용적을 채워보자.

마천루를 꿈꾸며 뚜벅뚜벅 길을 나선 아침. 실바람에도 흔들리는 가녀린 내 육신을 부여잡고 철학도 없는 인생의 주름진 고갯길을 따라 차곡차곡 나의 인륜을 쌓아보리라. 누적되고 있는 내 삶의 질량이 늘어날 때에 내 마음의 용적 또한 최고치에 다다를 것이다.

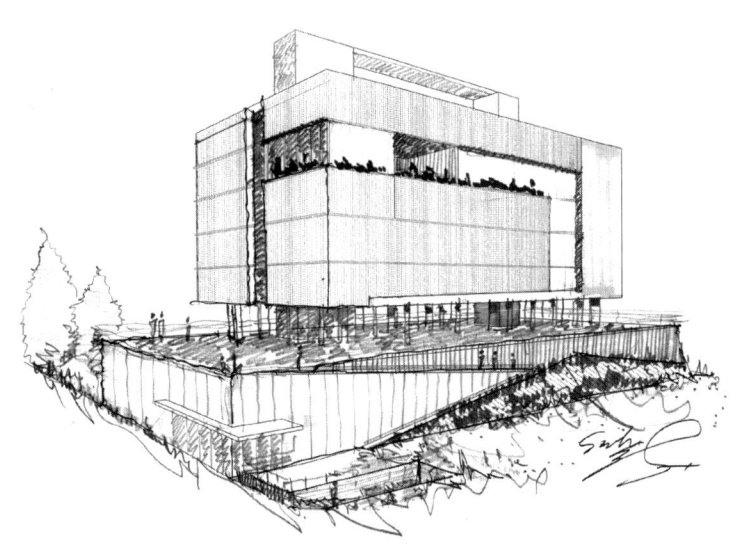

민태식 선생님에 대한 집착

나에게는 잊히지 않는 은사님이 한 분 있다.

1977년, 갓난아기를 하나 업고 학교 뒤 스무 댓집이 있는 내가 살던 마을에 신혼부부 교사가 교편을 잡으러 이사를 왔다. 한 학년에 두 반 뿐인 우리 학교에서 나는 2반 반장을 했고 내 담임 교사이자 결혼한 지 얼마 되지 않은 민태식 선생님은 하늘색이 감도는 조금은 촌스러운 스트라이프 회색 양복을 자주 입고 다니셨다. 나는 어느 날 운동장 한 켠 철봉대에서 낙상으로 팔을 다치고 말았다. 방과 후 집을 직접 찾아 오셔서 걱정해 주시던 기억이 아직도 생생하다. 작은 키에 가끔은 엄한 척 인상을 쓰셨으나 그 분의 성품이 어떤지를 열한 살 어린 나이였지만 단번에 짐작할 수 있었다.

문간방이라고 해야 하나 아궁이가 하나 있고 학교와는 100여 미터 밖에 떨어져있지 않은 허름한 농촌 단층 슬레이트집에 민태식 선생님은 아이를 키우며 소박한 생활을 이어가셨다.

그로부터 1년 뒤 나는 4학년을 마치고 곧바로 학업을 위하여 상경했고 쉰이 넘은 지금도 그 아련한 유년의 기억을 곱씹고 있었다. 그러던 어느 날, 경상북도 교육청에 전화를 걸어 제자라고 소개를 한 후 연락처를 물으니 어렵잖게 전화번호를 받아볼 수 있었고 드디어 연락이 닿았다.

 기억하려해도 모두 기억나지 않듯이 지났다고 해서 모두 잊히는 것은 아니다. 아직 만나진 못했지만 가끔 스승의 날을 핑계로 안부를 물으며 연을 이어가고 있다.
 이 아무것도 아닌, 아니 어쩌면 엄청난 인연의 끈이 내 가슴 한 켠에 남아 있었다니 참 신기할 따름이다.

 세상이 아름다운 이유는 소중한 것들이 아직 내 주변에 많이 남아있기 때문이다. 나의 마음을 움직이게 하는 것들이 있는 한 내가 살아가

는 이유로 삼기에 충분하지 않을까. 예정된 약속이 없어도 아름다운 사람과의 소통은 마음을 살찌운다. 행복이라는 것 또한 모두 '마음'에서 정해지는 것이기에 내가 서 있는 자리에서 한 조각 잃어버린 어제들을 찾다 보면 그것이 내가 세상을 지탱하며 살아가는 큰 힘이 된다. 사람들은 누구나 가슴에 좌우명 하나쯤은 품고 살아간다. 그러면서 겪게 되는 선택과 갈등, 그 속에서 가끔은 삶의 방향을 수정하고 또 가끔은 되돌아오기를 반복한다. 그러나 삶의 질서란 스스로가 만들고 지키는 것이기에 재촉하거나 근심할 필요는 없다.

나에게 이 짧은 유년의 기억 하나가 〈생활의 지침〉처럼 내 가슴에 와 닿은 오늘. 기억이 과거로 되돌아가는 것이 아니라 나를 한 걸음 더 앞으로 나아가게 한다.

꽃이
꽃에게

채워도 채워도 또 비어있고

다가서도 다가서도 붙잡을 수 없는

도무지 알 수 없는 그대

기다려도 기다려도 오지 않고

불러봐도 불러봐도 대답이 없는

도무지 알 수 없는

그대라는 꽃

하얀 민들레 되어 너의 발끝에서 자라고 싶다.

찬란한 봄색이 되어

나의 절실함으로 너의 섶으로 들어가리니

네 미소의 수(數)를 헤며

온통 그대 색으로 물들고 싶다.

PART 3

다만
생각나지 않을 뿐이다

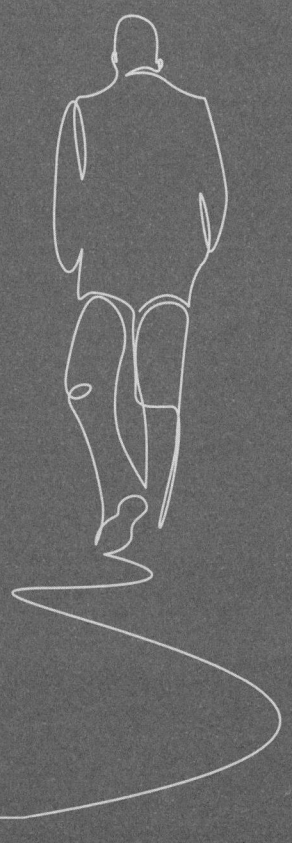

정상에
서다

숨이 턱턱 차고 나서야 마주할 수 있지. '우리는 늘 여행 중이라'. 연습이라고는 단 한 번도 없는 세상 위에 놓인 이상 하루도 정체할 수 없는 시간 속으로 지금도 이동 중이며 종착지로 움직이고 있다. 때로는 내 자신을 분석할 시간도 없이 마치 이방인처럼 쉴 새 없이 빈둥거리고 있다.

'불행'과 '행복'을 오가면서 곤충의 더듬이를 달고 나의 목적지로 뚜벅뚜벅 걷고 있다.

아침밥을 먹고 난 후부터 저녁밥을 먹기까지 나는 매일 서너 평 내 공간에서 제자리 여행을 떠난다. 건축을 한다는 명분으로 사람들의 이야기와 행동을 한정된 공간 속에 방정식 풀듯이 풀어내야 한다. 나의 진정한 '정상'이란 어디쯤일까? 그 정상은 어쩌면 정상(頂上)이 아닌 정상(正常)일지 모른다. 왜냐면 그 정상은 늘 마음속에서 있는 법이니까. 그를 결정하는 것은 아무도 없으며 규칙이 있는 것도 아니다. 열심히 살아가는 청춘들이 '지치지 않기 위하여' 스스로 정해놓은 형식적인 것이다. 나 역시 높지는 않지만 적당한 높이의 정상을 머릿속에 그려놓고 살고 있긴 하지만 알 길이 없다. 그것이 성공이라고도 말할 수도 없지만 그 마음속의 '정상'을 만들어 놓는 것은 나를 지치지 않고 효과적으로 살아가게 하는 좋은 방법이다. 어쩌면 그 정상은 나에게 오지 않을 수도 있지만 내가 걷고 있는 이 오르막길이 비록 나를 힘들게 할지라도 내가 나를 공감해주는 것이야말로 정상으로 가는 것이리라.

흔들리고 있다는 것은
살아있다는 것이다

흔들린다.

흔들린다. 모든 것이 나처럼 흔들린다.

바람이 시키는 대로, 길이 알려주는 대로 나의 방향을 설정한다.

내 의지와 관계없이 대부분의 하루들이 버티기를 강요한다.

내가 온 길을 따라 지난 〈기억〉들도 쫓아온다. 무수한 선들을 쳐내고 만들어낸 하나의 틀 속에는 '생각의 잔재'들이 가득하다. 고충의 산물이다. 건축의 방향 설정은 무의식 속에서도 나침반처럼 목표를 알려주기도 한다. 모아야 할 동선의 교집합을 하나씩 하나씩 골라내어 한 곳으로 모으고 멀어져야 할 여집합의 공간들을 분산하여 배치하는 과정을 반복한다.

사람만이 탄생하는 것이 아니다.

시도 그림도 그리고 내가 하는 건축도 '탄생'의 산고를 매일 겪는다. 무엇을 위하여 태어났는지, 왜 태어났는지, 또 어떻게 쓰이고 읽힐 지에 대한 숙려기간과 감각적인 기술을 반드시 필요로 한다.

사람의 청춘은 힘들고 벅차다고 한다. 그러나 망설이고 머뭇거리는 것은 방치하는 것과 다를 바 없다. 대지라는 유한한 공간을 채워갈 건축가의 단상이 필요하다. 건축의 잉태를 축하받기 위하여 〈움직이는 건축〉을 해야 한다. 오래되면 오래될수록 더 또렷이 보이는 건축적 감각의 매력들. 그러기 위하여 그때마다 이정표를 세우는 일이 중요하다. 어디로 갈지, 어떤 모습으로 걸을지에 대한 좌표를 제시하고 산재한 구성물들을 나열하여야 한다.

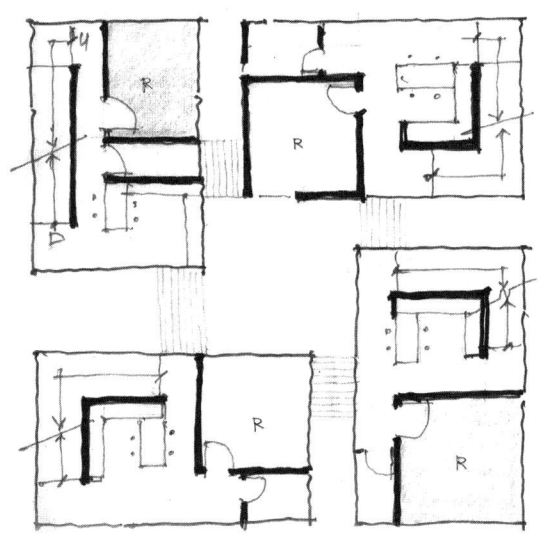

건축가의 곁에서 시작하여 건축주의 곁에 다다를 때까지 '생각의 연속성' 그 위에 건축을 올려놓아야 한다. 내 생각이 멈추면 나의 건축도 멈추는 것이다. 크고 작음을 생각하는 것보다 나에게 더 중요한 것이 많았던 오늘 내가 흔들리는 가장 큰 이유이다.

변심은
나와 무관하지 않다

허우적대다 결국 떠났다.

어색한 말 한 마디 남겨두고 산 너머로 도망치듯 사라졌다.

서로에게 흑백의 명암처럼 그늘만 있을 뿐 나에게도, 그에게도 남은 것도 아무 것도 없었다.

세상에 상처 없는 것 또한 아무 것도 없다.

잘못을 인정하고 또 용서를 받는 것은 누구를 위한 것도 아니다. 그냥 그래야만 하는 것일 뿐이다. 그래서 감정이라는 물결이 서로에게 전해질 때에 돌아선 마음도 이해하게 되는 것이다.

참는 것이 능사는 아니겠지만 '그럴만한 이유가 있었으리라', '떠나야만 하는 사연이 있었으리라' 그렇게 스스로를 위로하여야만 이겨낼 수 있다.

차라리 내가 용서받을 대상이 되는 것이 더 행복한 일일 수도 있으니 버리고 간 마음보다 남아있는 마음이 더 아리다는 것을 알게 하는 평범한 관용을 배우자.

남든 떠나든 어차피 현실은 한쪽만을 허락하는 일은 없으니 빈손이란 처음부터 존재하지 않았다. 오늘 내가 욕심을 부렸다면 가질 수도 있었겠지만 이 또한 내가 정하는 것이 아니기에 그의 변심을 나의 책임과 무관하다고 하지 말자. 가질 수는 있었다면 내가 원하지 않아도 온다는 평범한 진리를 깨닫자.

건축은 늘 모빌처럼 짤그랑거리며 소리를 내야 한다. 나는 다수의 집을 만드는 것이 아니라 나와 견해가 같은 한 사람의 공간을 꾸며주고 있다. 건축이란 지극히 사적인 공간이기도 하기 때문이다.

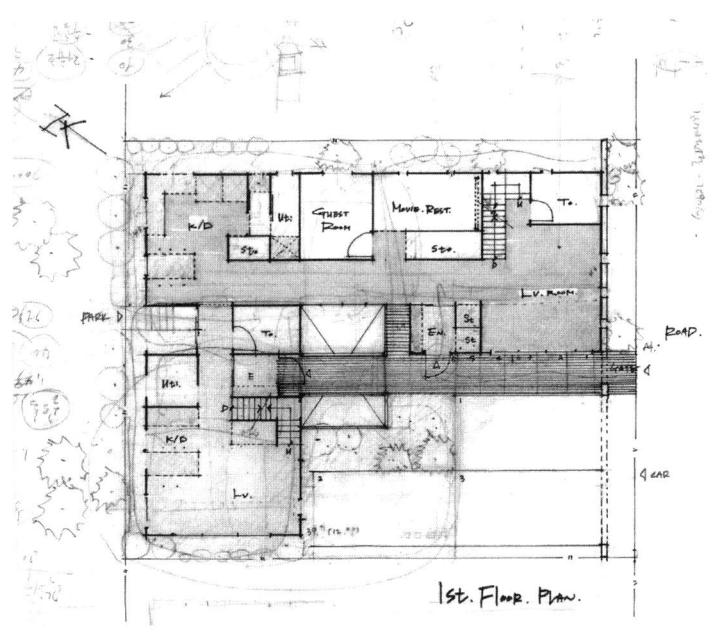

배롱나무에게
보내는 편지

배롱나무들이 빨갛게 지저귄다.

봐달라고 저녁 내내 붉은 피를 토하듯 새처럼 조잘거린다.

"너는 언젠가 세상이 주는 극적인 시련을 견뎌내고 난 후 2층 테라스쯤 키 높이로 꽃을 틔우겠지. 얘야. 너는 지금의 너의 색이 피처럼 슬픈 붉은 색이라 말할지 몰라도 그때쯤 너의 온몸을 만져 보렴. 네가 훌쩍 컸을 때 내가 곁에 없더라도 그때 내가 한 지금의 말이 기억나게 될 것이다. 나침반이 없이도 자라난 것 같지만 너를 키워준 것이 너 혼자가 아니란 걸 알게 된단다. 아무 곳으로도 가지 못하는 것처럼 보이지만 너의 성장 방향은 하늘이며 너의 시선은 모든 방향이란다. 얼마나 좋으랴. 동서남북 어디든 볼 수 있게 자라지 않느냐. 동쪽으로 간 나그네는 서쪽과 남쪽의 일들에 대해서는 아무 것도 모른다. 북으로 간 철새는 남쪽 일을 아무 것도 모른 채 그곳이 제일 살기 좋은 곳이라고만 생각하고 살고 있다."

"넌 충분히 행복하단다. 네가 자랄 수 있는 만큼 얼마든지 클 수 있고 어느 방향이든 보고 싶은 만큼 북쪽의 먼 산과 남쪽의 강들까지 모두 네 것처럼 볼 수 있지 않느냐.

 나무야.

 내가 너에게 줄 수 있는 건 내가 살면서 배운 경험과 세상을 보는 방법뿐이란다. 넌 고개를 돌려, 보고 싶은 곳을 당당히 보거라. 그리고 힘이 들 땐 고개를 들고 너를 길러준 하늘과 태양을 불러라. 네가 어디에 서 있는지, 왜 거기에 서 있는 지를 자세히 알려줄 것이다."

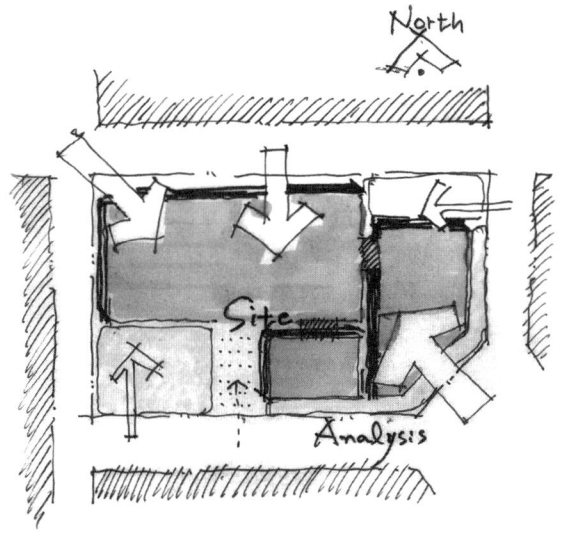

 "꼭 참고하여라. 그리고 시간이 있다면 내가 너의 행복을 얼마나 빌어주었는지 너의 붉은 백 일을 얼마나 사랑했는지 알아주었으면 좋겠다."

멈출 수 없게
하는 것들

공학관 4층 3409호 강의실 문이 활짝 열렸다.

검은 눈동자들만 움직이는 지독히 정숙한 설계실. 나만 쳐다보고 있다. 아니, 딱히 무엇을 말해주어야 할지 확신이 없는 내 입을 쳐다보고 있다. 건축의 '건'자를 겨우 알고 있는 스무 명 남짓 되는 이 귀여운 녀석들에게 내가 올겨울이 한참일 때까지 웃을 수 있게 할 수 있을까.

나에겐 꽉 닫힌 이들의 가슴을 열고 이 강의실을 시끌벅적한 건축이야기들로 채울 의무가 있기에 호주머니에 건축의 양식을 한 움큼씩 가득 넣어줘야 할 텐데 주머니는 비우고 온 건지 물어봐야겠다.

관계를 정립해주고 싶다.
'도시와 길의 관계를 어떻게 말할 수 있는지'
'건축가와 공간은 어떤 관계를 가지고 있는지'
'문학과 건축은 어떤 차이를 가지고 있는지'

출석부에 적힌 세 글자 이름들이 함부로 불려지기보다는 자신이 건축을 대표하는 인물이 될 수 있다는 생각을 하나씩 심어주고 싶다. 건축이 세상을 이끄는 가장 핵심적인 학문은 아닐 수 있지만, 분명한 것은 인간의 눈에 가장 오래 남고 사람과 가장 가까운 곳에서 사람을 보호하는 역사적인 학문이라는 것이다. 없다고 생각하면 도저히 하루도 살 수 없는 건축이라는 것은 문화이면서 그냥 같이 있어야 하는 것이기에 우리가 건축을 선택한 것을 자랑스럽게 여겼으면 한다.

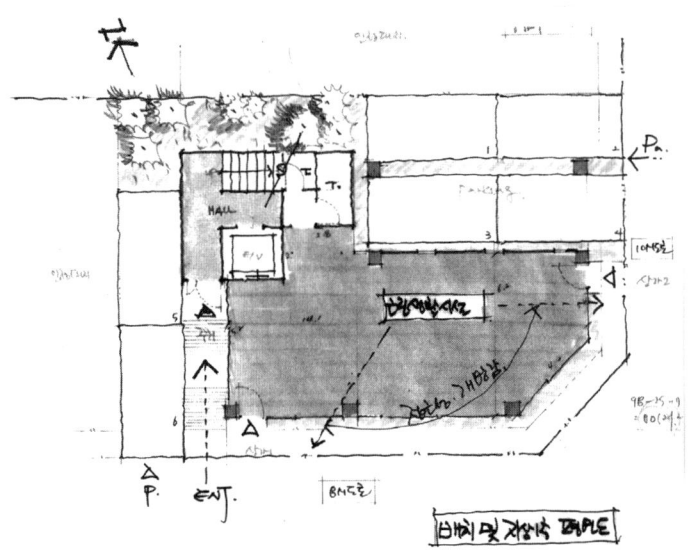

같은 공간과 시간 속에서 함께 공부할 수 있게 된 인연을 계기 삼아 서로가 살아가는 것에 정의를 내려주는 일. 이보다 더 큰 가치가 또 있을까. 앞으로 열다섯 번의 만남으로 우리가 만들어가는 것이 한 채의 집이 아니라 인생이라는 생각을 담을 그릇 하나를 만들어야 한다는 것

을 학생들에게 알려주고 싶다.

  온갖 궁금증을 남긴 채 이렇게 이번 학기 첫 설계 수업의 강의실 문(門)이 열렸다.

빛,
나를 흔든다

그림자를 만든 게 내 잘못이란다.

함께 있을 수 없지만 혼자서는 설 수 없는 너와 나처럼의 관계.

　내가 없으면 너의 외로움은 깊지 않을 테지. 군중들이 모여 완벽한 빛에 대하여 한마디씩 늘어놓는다. 하지만 빛과 그림자처럼 이 대지 위의 모든 건축적 요소들은 저마다의 역할이 있다. 프롤로그에서 이미 알고 있었던 것들조차 질책받으며 마지막엔 초라한 빛이라도 만들어야 한다. 그래서 너와 나는 대화를 필요로 한다. 나의 '뜨거움'과 너의 '침착함'에서 나오는 시너지 효과를 기대하기 위하여 이곳에 우뚝 서서 가장 강력한 '조망'과 가장 독특한 '일광'을 뽐내야 한다. 그러나 그림자의 이유를 강력하게 주장하는 것은 무리임은 안다. 비좁은 다락방은 갇혀있는 것이 아니라 좀 더 많은 것을 받아내기 위하여 위층 가장자리에 놓여있는 것처럼 빛과 그림자는 음과 양의 어느 누구에게도 치우치지 않게 공평하게 분할을 이야기한다. 해가 지면 그림자의 시간이 오듯이 사람의 생각도 흑과 백을 골고루 넘나들듯 해야 한다. 누군가

옳고 그른가에 대한 판단을 뛰어넘어 그림자가 있을 수밖에 없는 공간의 창출을 시도하는 일. 마음의 빛과 그림자를 알 수 있을 때 공간의 진심도 알 수 있다.

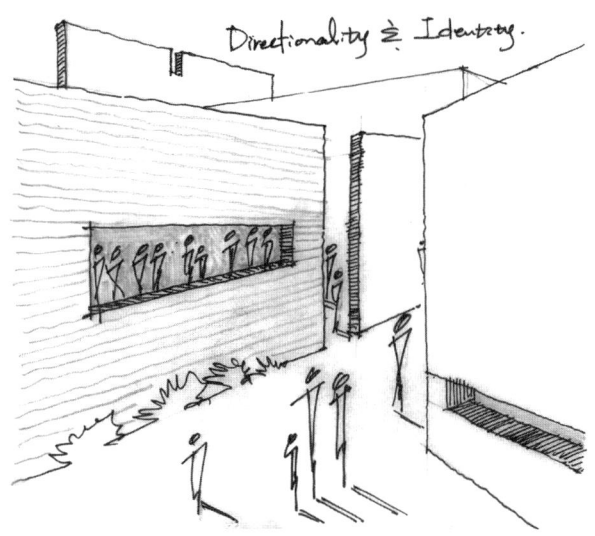

길모퉁이를
돌아 나오다, 문득

　다시 고개를 돌려야 너를 볼 수 있다. 뜨겁고 일방적인 마음을 접고 나는 골목을 걸어 나온다. 다시는 볼 수 없는 먼 길. 고개 숙이며 멀어져 가는 길모퉁이 아현동 209번지 그 집.

　너와 분리가 된다는 것이 마음을 아프게 하지만 너를 버리지 않으면 내가 살 수가 없으니 오로지 내가 살아남기 위하여 지금 떠나야 한다. 내 현실이 온몸을 칭칭 감고 한 발짝도 뗄 수 없게 만든 그동안 너 역시 나를 원망해 왔겠지만 지나온 현실들이 층층이 만들어 놓은 계단 위로 줄지어 내 마음속에 내려앉는다. 너의 개성과 나의 개성이 틀어지면서부터 이미 이별연습은 시작되었다. 이제 너와 나의 다양함을 각각 존중하면서 서로를 보내야 한다.

　하루, 한 주, 한 달. 서로 무리한 요구들을 하면서 해결할 수 없는 지경에 이르렀을 때 어쩌면 우리의 갈 길이 이미 정해져 있었는지 모른다. 트고 갈라지고 다시는 보수할 수 없는 하자 투성이의 만남을 이제 모두 내려놓자. 다시는 등조차 보지 않도록 냉정하게.

어쩌면

어쩌면

아주 어쩌면

내가 완전히 망가지면 그땐 '침묵'으로 너의 위로와 격려를 듣고 품에 안기리라. 나도 주저앉아 있는 널 보게 된다면 너처럼 한달음에 달려가 내 생각을 전하러 가겠다.

하루에 하나씩만
상상하자

돌아왔다.
그리고 다시 돌아가야 한다.
질기고 질긴 인연의 끝

매정한 하얀 안개가 나를 깨웠다.
분명한 의미를 전달받기 위하여 귀를 기울이고
나와 관점이 다른 대상들을 수용하기 위하여

바늘귀에 걸친 실타래 매듭의 끝을 찾아
하나씩 하나씩 침착하게 뒤틀린 끝을 찾아낸다.

'위기(危機)'

'위험'을 버텨내고 나면 '기회'가 온다고 했다. 지금 내가 극복해야 하는 현실을 포기하고 주저앉아 있지 말고 이를 인정하고 수용하면서 나만의 언어와 해석으로 새로운 시도를 하는 것이 꼬인 타래를 풀어내는 지름길이다. 오늘 나의 하루에 '이름'을 지어주자. 뜻하지 않은 시간이 나를 가두더라도 나의 '정도(定道)'를 정하고 준수하는 것이 나의 하루를 빛나게 하는 단 하나뿐인 방법이다. 기가 막힌 해석을 기대하지 말고 내가 나에게 요구하는 것들을 '변칙'이 아닌 '원칙'이라는 틀 속에서 진정으로 구현해내려 할 때 비로소 나는 충분히 가치 있는 세상의 주인이 될 수 있다.

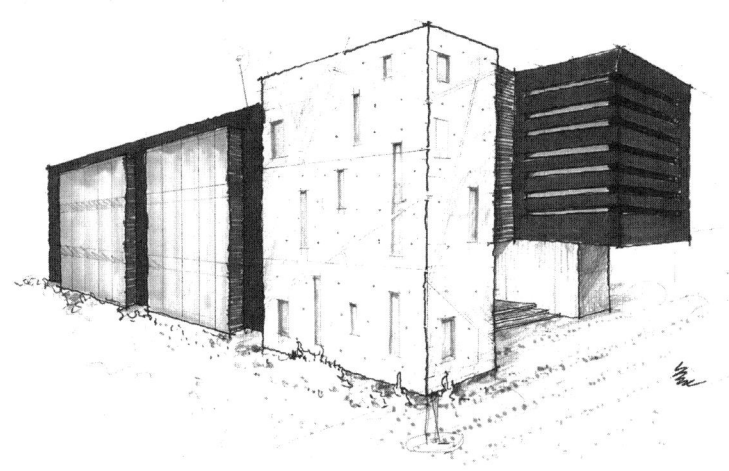

숨과
마시멜로

〈마시멜로〉

벽시계가 저녁 10시를 가리키고 있다.

내 직업병의 산물인 거북목으로 책상에 앉아 희미한 눈동자로 글피가 마감인 계획안을 아직도 결정하지 못하고 뜯어 고치고 있다.

문을 닫지 않은 1층 편의점에서 '마시멜로'를 한 봉지 사서 꾸역꾸역 아홉 살 소년처럼 입속으로 밀어 넣었다. '뇌'가 깜짝 놀라 수천 볼트 에너지를 가져다줄 수 있도록 야금야금 뜯어먹었다.

〈숨〉

마시멜로가 내 거친 호흡을 달게 애무하고 난 후에야 내가 건축가라는 것을 완벽히 알 수 있었다. 그가 내 입술을 샅샅이 핥고 목구멍으로 넘어갈 때 난 이미 충분히 치유되고 있었음을 알았고 내 숨(Breath)도 서서히 안정을 찾았다.

그제야 가늘고 길게 뻗은 선들을 정리하고, 복도 끝 불확실한 빈 공간에 다시 숨을 불어 넣을 수 있었다. 스스로 풀어내지 못한 끝없는 고민은 달콤한 소프트 사탕 하나로 충분히 해결되었다. 나의 아주 기본적인 몸의 구성요소들이 안정을 찾고 균형을 갖추었을 때 내 무뎌진 손놀림도 빨라진다. 홀로 서 있는 갖가지 쓸쓸함들을 모범적으로 견뎌낼 수 있는 방법이다. '느긋하게 사는 힘'과 '이길 수 있는 촉'을 습득할 수 있다는 것을 오늘 이렇게 또 배웠다.

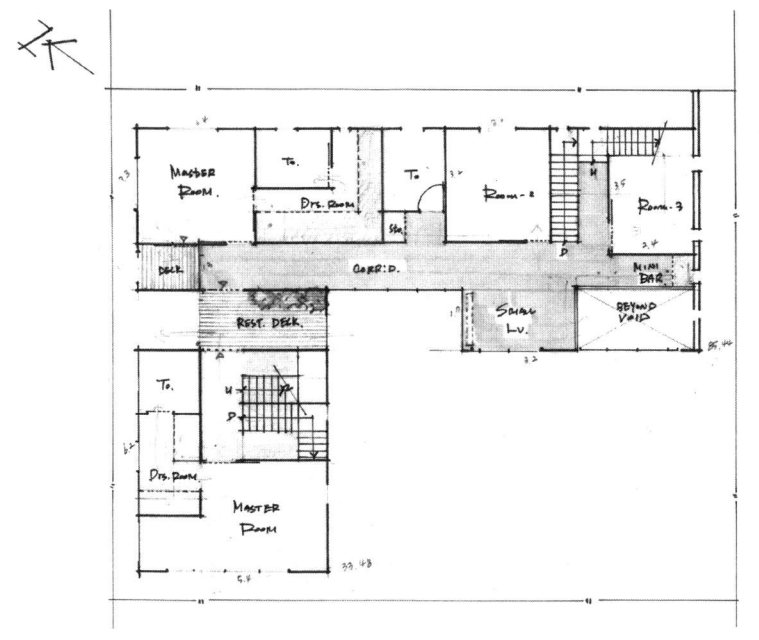

생각하기 싫은 게 아니라
침묵하는 것이다

　불현듯 나의 '독창성'과 '냉정함'을 의심하게 되었다. 건축에 대한 '사심'과 스스로의 '신뢰'가 언제부턴가 나에게서 멀게만 느껴질 때가 있다. 어울리지 않는 조각들을 억지로 끼워 맞추고 나면 슬픈 공간들이 나를 가차 없이 매질을 한다.

　소화시키지도 못할 질긴 음식들을 다 넘기지 못하고 다시 토해내면서 무서운 늦은 밤을 보낼 용기가 조금씩 사라지는 공포를 겪고 있다.

　사색 아닌 사색의 끝은 어디일까.
　나를 지배하고 있는 악귀들이 득실거리는 동굴 속에 갇혀 있는 것처럼 많은 자숙의 밤이 내게 다가온다. 덜컥 겁도 난다. 결과가 도무지 생각나지 않아서이다.

　정녕 나를 사랑하는 법을 배울 수 없단 말인가. 꼬리에 꼬리를 물고 다시 그 꼬리에 꼬리를 무는 실타래같은 생각들을 말끔히 정리하고 싶다. 달빛이 첫 별로 기울 때쯤이면 나는 지극히 일반적이고 보편적인

'시작점'을 찾았을까.

 잠들어가는 펜촉을 다시 잡고, 칸타빌레(노래하듯이)의 우아한 춤사위를 하고 있으면 좋겠다. 사실 내가 침묵하는 것이 아니라 아무 것도 할 수 없어서이다.

링크(Link)

철길은
아버지가 배배 꼬아놓은 긴 새끼줄 모양

끝없이 이어지고
또 이어지고

첫차에 마음을 싣고
누군가에게로 가는 길

방과 방을 잇고
벽과 벽을 잇듯

건축이 철길을 거닌다.

막대자로 잴 수 없는 것은
모두 거짓이다

나의 꿈은 어디에 담겨있을까. 누군가에게는 책 속에, 또 누군가에게는 거울에 비친 자신의 얼굴에, 또 다른 누군가에게는 아버지의 젖은 어깨 위에 담겨있을지도 모른다. 그렇게 사람은 한 걸음 한 걸음씩 자신의 인생을 담는다. 어른이 되고, 서른, 마흔이 지나고 나면 커다란 교목처럼 자라난 자신의 모습을 보면서 사람은 삶에 대하여 재잘거리기 시작한다.

나는 자(스케일)를 들고 일을 하는 건축가이다. 모든 것에 척도를 정해놓고 수치를 대입하면서 크고 작음을 논리적으로 표현해내야 한다. 그 속에 녹아있는 인생을 담고 시간도 담는다. 건축을 통해 누군가의 바람을 그려낸다고 하지만 아직도 내 공간의 완벽함을 발견하지도 못했고 늘 비어 있는 상자를 확인하는 수준에 불과하다.

사각의 벽 속에 행여 나를 가두고 있지 않은지 또다시 나를 합리화하면서 누군가를 설득하는 연습을 재연하면서 새처럼 같은 말을 반복하고 있는 건 아닌지 의심을 하기도 한다.

어느 한 곳도 뚫린 곳이라곤 없는 밀폐용기들을 쌓아서 나를 옭아매고 또 누군가를 가두어 가는 건 아닐까. '여유'와 '안식'이라는 것을 정말 구현해낼 수 있을까? 틀에 박힌 치수로 축척을 들이대면서 나는 사각의 늪을 벗어날 수 있을까? 늘 시름이 깊다. 이러다 정말 내가 그려낸 종이 위를 영영 맴맴 돌고만 있지는 않을까. 생산적이라고 말할 수 있는 근거들을 찾아내면서 한 치 마음에도 없는 숫자놀이를 할 때가 아니다. 완벽한 실패도 없고 완벽한 성공도 존재하지 않는다지만 내가 실현해야 되는 건축이 머뭇거리거나 정체되어서는 안 된다는 것은 검증된 사실이다.

마음이 힘들어도 버텨내기 어려운 현실이지만 이를 극복해가는 것 또한 내 몫이다. 삶이 남긴 상처를 방치하지 말고 이겨내는 묘책을 강

구하면서 일어서려는 노력을 선보여야 한다. 건축에서는 확실한 것만이 인정되는 법이다. 어정쩡한 의미 없는 수치들을 털어내고 근거가 명확한 것을 그려내는 것만이 진실한 건축의 자세이다.

모나드*의
해칭** (Hatching)

온몸을 씻어내도 지워지지 않는 것들은 왜이리 많은가. 내 살에 붙은 묵은 때처럼 내 머릿속과 가슴 속에는 훌훌 털어내야 할 것들이 너무 많다. 웃을 수 있는 것보다 근심해야 할 것들이 산더미처럼 호주머니에 꽉 차 있다.

하루에도 수백 번을 사용하고 연속되는 'off-set', 'fillet', 'trim', 'Extend' etc.

〈반복, 이음, 단절, 확장〉

자세히 들여다 보면 습관처럼 내 몸에 달라붙은 행동과 참 닮았다. 절대로 무한대로 나아갈 수 없는 '모나드'의 입자들처럼 24시간 반복되는 보편적인 일과 속에서 내 묵은 때를 지울 때는 그냥 시커멓게 자디잔 '해칭'을 하고 숨겨버리는 편이 차라리 낫다.

---

* 모나드 : 아무리 쪼개어도 더 이상 쪼개지지 않는 가장 초미립의 입자를 말함.

** 해칭 : 단면을 알기 쉽게 빗금을 그어 나타내는 것.

생각하고 싶지 않은 모든 것들과 내 속에 감춰진 음흉한 생각의 모든 것들을 탈탈 털어내기 위하여 검은색으로 먹칠을 해두고 잠들어야 할 것 같다. 나의 이 본질적인 '작음'이 가져다주는 빈약함을 도화지에 그려 넣으며 누구와도 충돌하지 않고 방해받지 않고 완벽히 자립하기를 기대하며 온몸을 일으킨다.

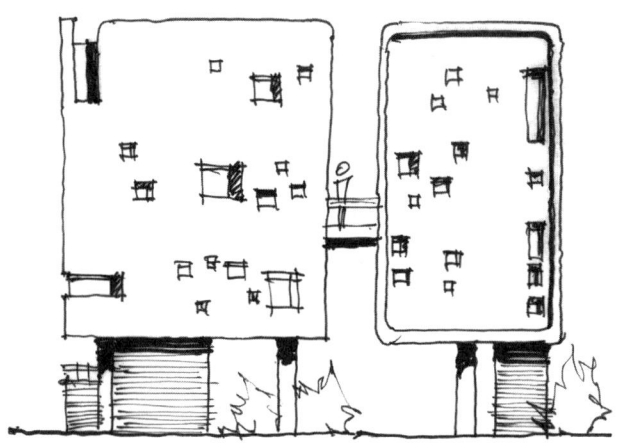

신문로 2가
풍경

태성아 놀자. 병조야 놀자.
〈기억〉이 골목에서 와글와글한다. 내 귀도 그렇다.
뉴런 속에 깊숙이 박혀있던 유년의 시간이 소환되고 나면 신문로 2가 1-289번지 일대 막다른 골목을 벗어나질 못한다.
쌍둥이 쌍환이, 경환이에게도 지금 내가 건축가가 되어 있다는 것을 알리고 싶지만 모두 어딘가에서 나를 그리워하겠지. 세포 속 실오라기 같은 과거를 타고 시간여행을 다녀온다.

상경이, 문숙이, 원녕이, 상욱이, 승렬이 그리고 재문이까지. 한때 같은 시간과 공간을 공유했던 나의 옛 동무들은 이곳을 떠나고 더 이상 개발되지 않는 마을만이 덩그러니 남아 아직도 이 자리를 지키고 있다.

내가 지금의 이 나이가 되었어도 삶의 덧셈과 뺄셈은 아직도 어렵다. 스스로가 낯설기만 하다. 내 앞에 놓인 수십 미터짜리 옹벽이 내 앞에 턱-하니 버티고 있으면 아직도 매일 알 수 없는 미래에 대한 불신 때문에 앞으로 나아가기가 망설여지고 주변을 서성이게 된다.

〈상상〉과 〈회상〉
일어날 것을 미리 좇는 것은 '욕심'이 되지만
이미 겪어온 지난 일들에 대한 기억은 '동심'이 된다.

골목길 공 굴러가는 속도에 맞추어 나는 '어른이'가 되어 점 조직의 거짓 '영상' 속에서 지금까지도 전봇대 뒤에서 숨바꼭질을 해오고 있다.

나로 인해 누군가가 상처받지 않기를 바라면서 노력한다. 상처 받으며 내 추억이 자라듯이 삶도 또한 함께 성숙해지기를 바라면서 가파른 골목의 오르막길이 나를 어딘가 이어진 이 도시의 모서리길을 찾아 오늘도 헤맨다.

동네 글방에서
밖을 내다보다

 몇 해 전 내 집 주소지가 바뀌었다. 양평군 강하면 성덕리 ooo번지. 그러고는 삶의 일부가 조금 바뀐 것도 사실이다.

 인터넷을 통해 내가 읽을 책들과 중고책들을 수백 권 사모았다. 그리고 가까이 지내는 후배 건축사 소개로 천호동 헌책방에서도 수십 권을 추가로 구해왔다. 읽기 쉽고 짧은 이야기로 꾸며진 가벼운 책들을 진열해 놓고 나니 얼큰한 국밥을 배불리 먹은 느낌이었다. 이제 백 년도 다 된 우리 집 키 낮은 툇마루에 다리를 포개고 앉아 햇볕을 쬐고 나면 어느새 웬만한 책 한 권은 거뜬히 읽는다.

 아침부터 저녁까지 수학공식처럼 자로 잰 듯 똑같은 나날을 보내고 있는 나. 비슷한 처지에 놓인 사람들을 위한 작은 공간을 만들고 싶었다. 양평 읍내가는 큰 길에서 3km쯤 들어온 이곳은 상점이라고는 마을 초입 모퉁이의 작은 슈퍼 하나가 전부인 곳이다.

 그렇다. 이곳은 내 마음의 놀이터이다. 중고 사이트에서 구입한 턴

테이블, 그리고 한 장에 만 원으로 저렴하게 구입한 지지직거리는 LP 판에서 흘러나오는 그 시절 노래들을 연신 듣는다. 스무 살 때 펼쳐보지 못한 그리움이 처마 끝 빗물이 되어 뚝뚝 녹아 떨어졌다.

지난 가을, 낙엽을 말려 책갈피를 만들려는 욕심에 장만한 코팅기. 아마추어 수준밖에 안되는 실력으로 허름한 바둑판도 하나 장만했지만 대부분 오는 지인들은 오목과 알까기 수준이다. 아직 배워야 할 기타도 벽에 세워져서 흩날리는 먼지만 모으고 있지만 이제 나에게 이곳은 제법 그럴듯한 작업실과 유일한 쉼터로 자리 잡았다.

원주민은 아니지만 이 작은 북스테이 카페에서 동네 사람들과 새로운 인연을 만들어야겠다. 서울에서 내려오면서 내 특색 없는 일상을 호소하기 위함보다는 내 무미건조한 삶의 내면을 빨리 채워놓지 않으

면 내가 나를 몰라볼 것 같아서이다. 다듬어야 것들과 내 굴곡진 시선을 붙잡아둘 공간이 필요했다. 정해져 있지 않은 내 앞날들에 대한 순서를 정하고 느슨해진 조각조각들을 아주 조금은 더 디테일하게 만들기 위해서 이곳을 선택한 게 아니던가. 내 삶이라는 영역의 비례를 맞추고 계획하기 위하여 책장을 넘겨본다. 내 이야기가 아닌 타인의 생각 속에서 잠시 머물다 오는 독서. 결국 잠깐 나를 비우고 떠나있지만 돌아올 때는 나를 채우고 나오게 하는 책 한 권.

길 섶 보리밥집의 구수한 된장밥상이 나를 부른다.

마중

문득 눈앞의 모든 것들이 시간의 속도에 맞춰 내 주위에서 멀어지고 있다는 것을 느끼는 날도 있다. 오늘이 그런 오후다.
낯선 풀꽃들이 앞마당 담장을 기어오르느라 분주하다.

그렇게 이 봄도 여름의 뒤안길로 돌아설 즈음
돌돌 말린 노란 계획지를 펼쳐놓고, 누군가의 공간을 짜맞춰본다.

나를 마중하는 '사람' 그리고
나를 기다리고 있는 '시간'이 있다는 게 얼마나 다행이고 행복인가.
사각사각 펜이 백지를 채우고 나면 나는 어느새 그 목적지 언저리에 가 있겠지? 호소력 있는 능력으로 무엇인가를 가득 채워놓고 나면 마음도 한껏 부푼다. 오늘따라 길을 타고 들어오는 바람이 제법 성질이 있다.

'창조의 영역'이라기보다 '창의적 기획'으로 일상의 운율을 타고 나만의 굴레에 들어보리라. 보라색 제비꽃이 잔디풀 속에 제자리를 차지하듯이 나 역시 마중물이 되어 오후와 밤의 일부를 여유롭게 할애한다.

내일. 나도 누군가를 마중할 수 있다면 좋겠다.

닫혀있던 대문을 열고 누군가가 나의 공간으로 들어오는 행복이라는 아침을 맞이하겠다.

비상구로
뛰어가는 까닭

건축에서의 출입구(Enterance)는 사람을 위하여 열어주기도 하지만 닫아주기도 한다. 내 마음처럼 내가 열고 싶어도 상대방이 거부하면 열지 못하는 문들도 찾아보면 부지기수로 참 많다.

펼쳐진 평면도에는 비상구(Emergency Exit), 화재 대피구(Fire Exit) 등 특수한 문들도 있고 차량이 드나드는 문, 서비스(식자재)의 문, 바람만이 통행하는 문들도 있다.

내가 사는 일상으로 돌아가 보자. 문을 닫고 몸을 숨기려는 사람이 즐비하다. 또, 들어가려 하여도 닫힌 문. 도망가려 하여도 갈 데 없어 문을 닫는 모습에서 우리 주변 오늘날의 현실을 마주한다.

해고를 당하고, 빚 독촉에 시달리기도 하고, 가까운 사람과의 배신과 불신, 그리고 변심으로 좌절도 하고 원망도 한다.

참 많은 일들이 아침부터 온종일 그리고 일 년 내내 일어난다.

악재란 예상하지 못한 시간에 내 앞에 예고 없이 들이닥친다.

건축에서는 관련 법과 규범들이 이미 도면을 그리기 전에 주문이 되어 있다. 세상의 문은 '들어가는 문'과 '나가는 문'이 있다. 축구장의 선수가 '문'을 열고 들어오면 정해진 규칙에 따라 공정한 경기를 약속하는 것처럼 설계 역시 서로의 약속을 규칙 삼아 진중하게 임해야 한다. 한 치의 오차 없이 자신과 타인 간의 약속 모두를 소화하면서 페어플레이(Fairplay)를 해야만 들어온 문으로 당당하게 퇴장할 수 있는 것이다. 내가 어떤 일을 겪을지는 아무도 모른다. 그럴 때마다 그것을 예견하고 미리 충격을 최소화할 수 있는 준비를 해두는 게 좋다.

우리는 늘 비상구를 생각해둬야 한다. 그러기 위해서는 기본기에 충실해야 한다. 살아가는 지혜를 대체할 수 있는 것은 없다. 세상을 슬기롭게 삶을 지탱할 수 있는 가장 보편적인 방법을 습득해야 한다.

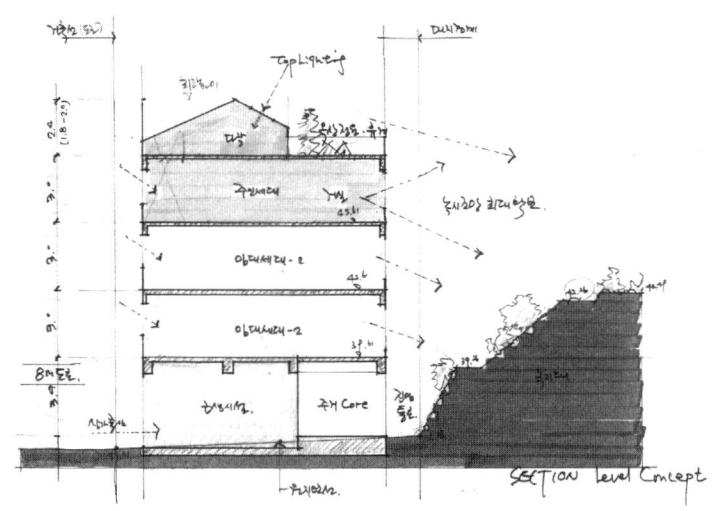

— 어디로 피할까? 어디로 숨을까?

유리가
유리에게

 은밀하고 혼란스러운 것들이 내 마음의 뒤안길로 숨었다.
 세상을 다 얻은 것처럼 허세를 부리던 사람들도 내 눈앞에서 사라졌다. 이제 오늘 할 일은 내 과오를 반성하고 후회하는 일만 남았다.

 해가 채 뜨기 전 새벽에는 투명한 유리가 '공감'이라는 아주 쉬운 진실 하나를 전해주었다. 머리로는 알고 있었지만 이 소소한 사실이 얼마나 중요한지 미처 느끼지 못하고 살았다.
 나에게 투명함이나 순수함이 정말 있기나 했는지. 두께는 있지만 그 너머 어떤 것이든 모든 것을 숨기지 않고 비추는 유리는 투박하기 그지없는 내 종일을 질타하고도 남는다. 미숙함 투성이의 나와 내 주위 사람들은 이 순수한 유리벽 안에 서서 덕지덕지 붙은 오물들을 완벽하게 씻어낸다.

 이름을 알 법도 한 친근한 새소리가 바람을 타고 나를 찾아왔다. 영롱한 과거 여인의 눈망울처럼 고운 결로 내 앞에 선다.
 그렇다.

유리를 넘어온 것은 바람이 아니었다. 빛도 아니었다. 내 마음을 달 궈줄 보이지 않고 식지 않는 뜨거움이다. 숨 쉴 수 없는 유리벽 속으로 나는 차가워지고 식은 내 가슴의 온기를 넣어 두리라.

중심(中心), 흔들리다

사람이 태어나서 두 살 쯤이 되면 두 발로 '중심'을 잡고 걷기 시작한다. 바닥에서 몸이 떼어지고 멀어지면 서서히 문밖으로 걸어 나오는 연습을 한다. 건축 설계를 업으로 하고 있는 나에게 있어서 가장 먼저 해야 하는 일은 바로 그 기준이 되는 중심선을 일점쇄선으로 긋는 것이다. 건물의 중심이 되고 벽의 중심이 되는 수평선과 수직선을 처음부터 올곧게 그려내지 않는다면, 모든 것이 주어진 대지를 벗어나고 터무니없는 높이와 비뚤어진 불안정한 형태를 만들어 내기 때문이다.

나는 보통 아침 일곱 시가 조금 넘으면 작업실이 있는 사무소로 출발한다. 해가 뉘엿뉘엿할 때까지 내 몸 역시 중심을 잡으려고 애를 쓴다. 그 중심을 지켜내기 위하여 반듯한 자세로 하루를 채운다. 아니 노력한다. 마음의 중심이 자칫 기울기라도 하면 모든 일들은 어긋나고, 흐트러지고, 또 수포로 돌아가기 십상이기 때문이다.

요즘은 특히 그 중심을 정확히 지탱하고 바로 세우는 것도 꽤나 어렵다. 쉬운 일도 아니지만 마치 오케스트라의 마에스트로(지휘자)의 봄의 왈츠처럼 흐트러짐 없이 창작하는 것이 나의 흔한 일과이다. 바로 앞에 있는 소리도 들어야 하고 멀리 있는 콘트라베이스와 심벌즈의 박자까지도 다 들어야만 내 역할이 구심점이 되고 완벽한 화음이 연주된다. 중심이 다시 중심(衆心)되기 위하여 흔들리지 않는 마음으로 다스려야 한다. 손, 머리, 눈 그리고 가슴.

노출의 잔상

건축도, 사람도 숨을 수는 없다. 몸통, 얼굴 그리고 가슴속 생각까지도 끄집어내지 않고서는 이 도시에, 이 세상에 한 발짝도 설 수 없다. 보여줄 게 없어도 보이게 되고, 못나도 잘나도 이미 남의 시선 한가운데 있다. 그래서 가끔은 숨기고, 고치고, 때로는 개조(성형, 건축에서는 개축)를 하게 된다. 건축, 사람 모두 사회성을 갖고 태어나기 때문에 '공공성'을 배제하고는 아무것도 이야기할 수 없다.

각자의 생김에 대한 부정으로 행하는 '교정', '보정' 그리고 '성형'. 알고 보면 나를 위한 것이 아니라 남을 위한 것인지 모른다. 건축도 유행이 지나면 식상해지고 소유자가 바뀌면 그의 생각에 맞게 수선과 리모델링을 통해 고쳐 쓰거나 수리를 해야 한다.
완벽히 좋은 것만은 아니지만 건강한 생각이며 당연히 그래야 한다.

건축에서는 요즘 겉치레와 지나친 치장에서 벗어나기 위하여 사람으로 치면 알몸 형태인 '노출콘크리트' 마감을 시도한다. 주로 자신을 뽐내기 위하여 남다른 방식으로 그 자체가 마감인 '벽'으로 자신을 감는다. 자연으로 돌아가려는 것은 아니지만 '절제미'와 '단순미'를 발현하기 위하여 자신 그대로의 색을 사용하는 것이다.

 벽의 생김, 벽의 색, 벽의 크기. 벽의 위치가 거리로부터, 도시로부터 어떤 형태로 보일지를 설계단계에서 건축가는 짐작을 하고 그림을 그린다. 수줍음을 타지만 얼굴처럼 붉어지지는 않도록 최대한 인위적인 가공미를 줄여 노출의 힘을 살려보려는 것이다.

 조금은 공격적으로 보이고 한편으로 거칠게도 보이는 단단한 회색 돌덩어리. 가끔 똑같은 크기의 눈과 표정 없는 사람들로 넘쳐나는 우리 주변의 사회 모습과도 다를 바 없다. 생김과 보이는 것에 대한 미련과 애착을 버리지 않는 이상, 건축물이나 사람이나 그대로 그의 생애(Life Cycle)를 끝까지 함께할 것이다. 세상 밖으로 드러나는 모습 또한 중요한 의미를 갖는다는 것을 알아야 한다. 그러나 노출에 대한 보정과 겉모습보다도 그 속에 내재되어 있는 진정한 의미와 소중한 것들을 절대 소홀히 해서는 안 된다.

 경험을 통해 만들어낸 건축물이 높은 천장을 갖고 빛나는 조명등을 비추고 좋은 인상만을 남기기 위해서만이 아니라 전혀 인공적이지 않고 자연적인 빛을 가진 건축이라면 더 좋은 공간으로 남을 것이기 때문이다.

 어떤 것을 담을지에 대한 진지한 건축적 철학을 그려내는 일에 몰두해야 한다. 사람에게서 느끼는 호감과 비호감의 차이는 그다지 크지 않다. 바라보는 사람의 시선이 중요하다. 내가 푸른색으로 보려 한다면 파랗게 보일 것이고 붉은색으로 보려 한다면 그 공간 역시 붉게 보일 것이다.

내 모습을 보고 간 사람들의 후일담을 궁금해하기보다는 내 스스로가 내 얼굴의 색을 미리 만들어 놓아야 한다. 마음의 잔상이기도 한 얼굴을 다듬고 준비하는 시간이 필요하다. 오늘, 창 밖 구름의 색이 하얀 까닭도 한번 알아보리라.

사색에
나를 태우는 법

어쩌다 건축가는 철학자가 되었을까?

새벽부터 끙끙거린다.

나를 절대 도와주지 않는 연필의 흑심을 내가 알긴 어려우나
널브러진 백지 위를
온종일 왔다갔다 하며 마음은 늘 분주하다.

르네상스에 살고 있는 것처럼
누군가의 부탁을 받고
건축의 하수인으로 심부름꾼으로 하등되어 간다.

내 색깔
내 형태
내 기준
어디에 있는가?

사색(死索)에
빠진 사색(思索)

청태산을 찾았다, 삽교리 시골 식당을 지나고.

강릉 가는 옛 길 좁은 바람 틈을 가르며 칼바람이 내 소매에 와 부딪친다. 어떻게 알았을까.

내가 버틸 힘이 없어지고 사라졌다는 것을. 살아가는 일에 확신이 없어질 때 산은 나에게 늘 맏누이처럼 나를 맞이해 주었다.

태기산 끝자락에서 침엽수인 낙엽송과 낙우송들이 나 대신 소리 내어 울어준다. 산을 내려갈 때까지 내 눈물이 들리지 않게 매서운 골바람을 실어 내려준다.

산.

걸으면 걸을수록 나도 모르게 높아지고 있었다. 숨 가쁜 중턱에서 잠시 머뭇거리기도 했다. 더 올라갈지 다시 내려갈지를 망설였다. 나를 위해 여기까지 무거운 몸을 겨우 끌고 왔는데 다시 돌아갈 걱정을 미리 하다니 참 한심하기도 하다. 왜 이곳을 찾았는지, 무엇을 버리고 가려고 왔는지 잠시 잊은 채 산딸나무 곁에서 멈췄다. 그리고 그 대답은 쉽게 들을 수 있었다.

 멀리 임도 끝에서 숲체원의 목조건물 지붕 끝이 보인다. 빗물을 받아내기 위해 만들어진 지붕물매는 마치 내가 미끄럼을 타듯이 햇빛에 반짝거린다. 이곳은 나에게 잠깐의 인연이 있는 곳이기도 하고 지금도 이곳 휴양림에서 조그만 일을 하고 있어서 애써 생각을 정리하지 않고 이곳 산길에 있기만 하여도 내 〈도시병〉들은 치유된다. 찬란한 금빛 내일을 학수고대하지만 주어진 상황들로부터 위협과 두려움 없이 내가 갈 길을 파고드는 것에 지쳐서인지 산으로 내 몸 하나만을 올리는 것도 힘겹다. 이것을 알아가기 위하여 사람들은 이 험한 산을 오르는지도 모른다. 잔솔가지 사이로 산꼭대기에서 발원된 산풍들이 내 몸에

덕지덕지 붙은 오물들을 도려낸다. 둔내면으로 내려와서 뜨거운 국수 한 사발로 차가워진 내 몸을 다시 데운다. 나에게 산이 알려준 '생각하는 법'에 대한 훈계를 메모하면서 죽지 않고 다시 일어나야 하는 까닭을 알고 오리라.

도시 사용법을
기억하자

길들이 불빛을 쳐다보며 다리를 뻗고 누워있다. 얼마 전 목요일인가 서점을 들렀다. 운종가로 불렸던 지금의 종로 네거리를 걷다가 내 키에 견줄 수 없는 즐비한 마천루들을 보면서 내 걸음을 어디에 두어야 할지 몰랐다. 숨을 쉬지는 않아도 모든 건물들은 각자가 지켜야 할 임무와 역할을 충실히 수행하고 있는 듯했다.

길마다, 건물마다 그리고 이 길을 걷고 있는 사람마다 이 도시를 읽고 따르는 법은 다 다르지만 공통적으로 도시가 사람을 닮아야 하고 그러기에 앞서 사람이 도시를 먼저 닮아야 한다. 그래야 도시가 사람을 닮는다. 그 방법 중 가장 쉬운 것은 제 색깔을 낮추는 것이다.

눈을 어렴풋이 감았다.

또각또각 사람들의 걸음소리가 빌딩 숲길을 가득 채우고 저녁의 도시는 흔들리는 플라타너스 잎들의 소리로 밤을 채운다.

불빛이 새어나오는 창틈엔 또 누군가는 도시를 담아 그리고 있었다. 모퉁이를 돌면 거나하게 취한 사람들의 속삭임으로 온통 아수라장이 겠지만, 한참을 이 자리에서 머물다보면 알 수 없는 야릇한 향기가 피어난다. 이야기가 타들어가는 진한 그을음이 이곳저곳 좁은 골목에서 웅성거리며 새어나온다. 땅 밑에 아직도 사라지지 않은 역사의 뒷이야기가 반향이 되어 내게 물어온다. "그래! 이 검은 아스팔트 길에도 멈추고 있는 맥박이란 없구나."

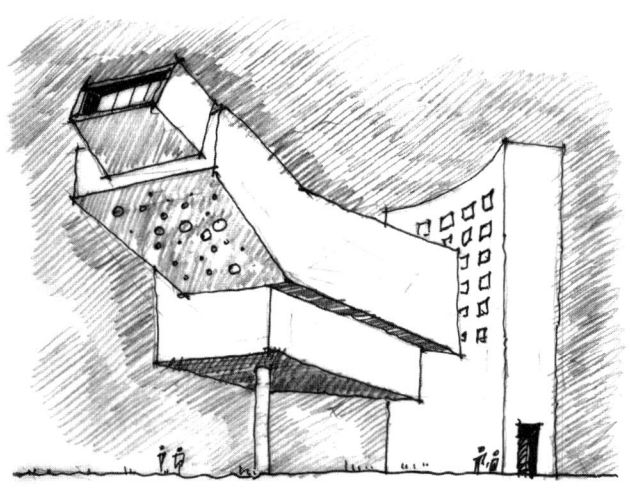

내가 사라져도 남아있을 이 도시. 좀 더 봐야겠다. 좀 더 가까이서 오래도록 봐야겠다. 그래야 이 도시를 풍미하며 이 도시가 주는 달콤함을 섭취할 수 있겠지. 햇살을 다시 비추는 반사유리의 능력과 밟아도 밟아도 묵은 때들을 흉보지 않는 돌바닥의 관용을 이 속에서 고스란히 배우고 가리다.

약속과 계약은
같은 말일까

 오늘을 정리하고 내일의 일들을 도모하기 위한 타협이 수없이 반복되고 있다. 지루하던 일상에 내가 누군가의 파트너가 되어 책임과 의무를 다하는 것. 사람과 사람과의 질서를 바탕으로 서로의 생각을 주고받으며 내가 사는 세상은 모두 그 굴레에서 이렇게 흘러간다.

 남들보다 조금 늦은 결혼을 한 나는 그 전이나 지금이나 〈법류 : 해야 할 도리나 정해진 이치〉를 통하지 않은 무수한 약속들을 구분하는 것을 아침부터 저녁까지 매일매일을 해오고 있다. 지켜야 할 것들과 지키지 않아도 되는 것들을 가려내면서 삶의 가운데에서 분주하게 움직이지만 확실한 것보다는 스스로 갈등하고 망설이는 것들도 부지기수다. 버리기 위해서 했던 약속, 손쉽게 얻기 위해 했던 숱한 약속. 수많은 생각과 결론을 내리면서 나는 오늘을 살고 있고 또 내일도 그렇게 살고 있을 테지. 다시 한 번 되뇌어본다. 믿음이 땅 끝으로 떨어지고 진정성이 없는 대상과 접촉조차 하지 말아야겠다는 다짐을 한다. 그것이 곧 나의 약속이며 나와의 계약인 것이다.

저 푸르른 낙엽수 교목을 보라. 땅이 그에게 준 만큼 자라고 봄, 여름을 지나 가을, 겨울이 되면 언제나 자신의 것이 아닌 잎들을 다시 땅으로 되돌려놓지 않던가. 사람이 자연보다 더 영리하지 못한 이유이기도 하다. 오늘 하루 나를 스쳐간 수많은 인연들을 가슴에 주렁주렁 매달아본다.

그리고 내가 이행해야 할 것들과 약속받아야 할 것들을 담고서 남아 있는 오늘을 마무리해야겠다.

성사된 계약과 나에게 지켜야 할 약속을 끝내는 시간까지 나에게 주어진 일들을 이 방 안에서 지켜간다.

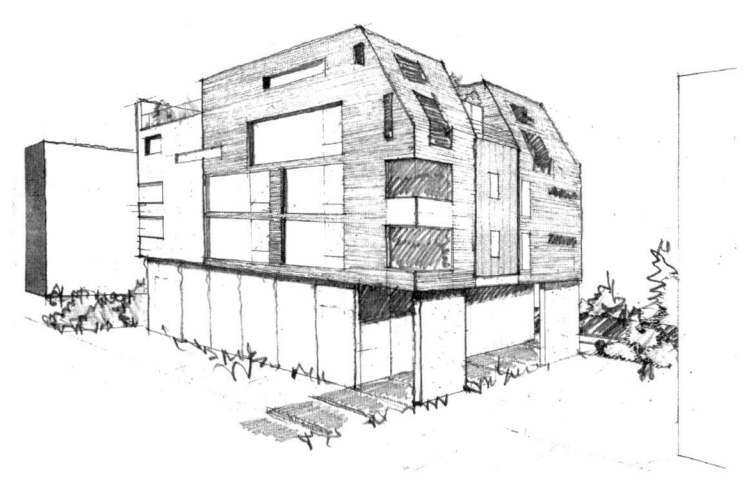

평행선에서
만나다

〈제자리로 돌아오지 않으면 '공간'이 아니다〉라는 것은 〈공간은 제자리에 있지 않다〉라는 뜻이기도 하다.

연필심에 힘을 주기도 하고, 힘을 풀기도 하면서 선의 강약으로 반복적으로 쉴 새 없이 선을 긋는다.

버스가 회차를 하고 다시 버스 차고지 종점으로 오듯이 우리의 일상도 돌고 돌아 다시 그 첫 자리로 돌아온다.
하루를 살아가는 나의 하루도 그렇고, 잎에서 시작하여 가을, 겨울을 지내는 앞마당의 하얀 민들레의 일 년치 삶도 그러하다.

비어 있든 가득 차 있든 서로 손잡지 않으면 아무것도 만들어지지 않는다. 처음과 마지막을 반듯하게 그려낼 수 있는 일. 건축이 열정만으로 함부로 접근해서 만들어지는 것은 아니다. 스스로와 스스로가 만나야 비로소 '공간'이 된다. 건물과 마당에서 시작하여 방과 욕실, 부엌과 식당, 아래층과 위층 등 모든 공간들은 수평과 수직의 벽으로 교차를 하고 또 만나게 된다. 지극히 관념적인 이론이기 전에 인간의 심리적 요인에 따라 '합병과 분할'이라는 기능적인 유대관계를 철저히 형성하는 것이 우선이다.

따라서 다시 제자리로 돌아오지 못하는 불연속적인 그런 공간이 아니다. 제아무리 뛰어난 상상을 펼친다 하여도 '기능'을 이탈한 것들은 존재의 가치가 없기에 지금 내가 그린 이 모든 선과 면들이 공간이 되어 되돌아와 서로 마주할 때 하나의 완성체가 된다.

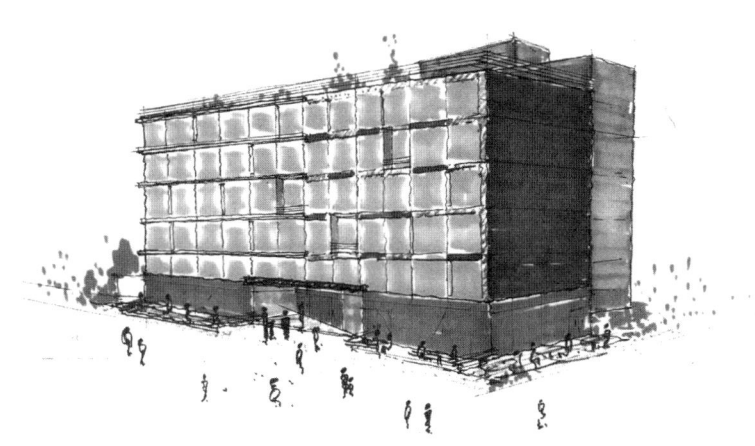

마치 평행선을 달려가다 보면 그 인연의 끝에는 만남이란 없듯이 말이다.

만남은
늘 벅차야 한다

오늘도 누군가와 또 무엇인가와 헤어져야 할 결심을 해야 한다.

멀어진 마음을 추스르고 서로의 공감을 잃고 나면 돌아서는 연습을 늘 준비해 두어야 한다. 긴 인연일 줄 알았지만 마음대로 되지 않는다는 것을 헤어질 시간쯤에는 알게 된다. 피하고 싶어도 피할 수 없고, 만나고 싶어도 그렇게 되지 않는 것이 이치이거늘 하염없이 매달린다 하여도 〈아름다운 헤어짐〉은 세상에는 존재하지 않는다. 다만 마음이 아플 뿐이다.

마음속 깊이 재어둔 감정과 차곡차곡 쌓인 뒤엉킨 응어리들을 묻어 버려야 한다.

슬픔은 남은 자의 몫이다. 치유 또한 남은 자의 것이다. 이제 남은 것은 견디기 힘들지라도 다가올 인연을 맞이하는 것이며 내 앞에 있는 오늘을 충실히 보내는 것만이 살아남는 유일한 방법이기 때문이다. 어제의 일들은 이제 내 앞에 다시는 존재하지 않는다.

건축에서의 만남이란 어떤 것일까? 사람과 사람의 마음에서 비롯된 건축 역시 서로의 이야기에 귀 기울이지 않고 마음을 받아주는 배려가 없다면 공간으로서의 가치를 잃게 된다. 건축가가 공간이라는 상대를 만났을 때 그 쓸모에 대해 무시하거나 자신의 철학만을 고집한다면, 이는 또 다른 허물 수 없는 벽에 부딪히고 만다. 벽으로 정리된 면들이 이어지고 창과 문이 이어질 때 사람의 마음속 장벽도 허물 수 있게 되고 궁극적으로는 사람의 공간은 우리의 인연처럼 아름다움으로 채워지는 것이다.

겨울,
다시 그 겨울이 왔다

"습하다. 아주 많이"
내 마음도 그렇다.

   오늘 오후 시작과 함께 나름대로 잘 차려 입은 손님(부부)이 사무실을 다녀갔다. 내 앞에 앉아 받아쓰기를 하듯 정신없이 내가 뱉어낸 말들을 빼곡히 적고서는 기약도 없이 아무렇지도 않게 당당히 사무실을 나갔다. 뭐지? 아주 형편없는 건축가인줄 알았을까? 불쾌하다. 나는 아무런 불평도 하지 않고 그들을 인사까지 하면서 돌려 보냈는데 나에게는 남은 것이 빈 손뿐이었다.

   아이스크림을 사더라도 가게에서 무엇을 살까 고민하며 들었다 놓기를 몇 번 했을 터이고, 고등어 한 손 고르는 데도 크고 싱싱한 놈을 고르기 위해 흥정을 하고 꽤나 망설였을 사람들. 나는 그들의 집 짓는 일생의 가장 소중한 조력자임에도 홀대를 당하고 나니 놀란 마음에 존재의 이유를 또 상기하게 된다.

   우리가 한평생을 살면서 소유하게 되는 가장 가치 있는 것들 중에 하나는 바로 집이다. 이 엄청난 일을 이렇게 가치 없게 만든 것은 훗날이 되어야 스스로 알게 되겠지만 지금 나는 바보스러운 나를 탓하는 것에만 열중하고 만다.

오늘 같은 날에는 말소리, 숨소리까지 교환하며 건축가로서 알뜰히 방향을 안내했지만 나로서는 제법 많이 구겨진 하루였다.

마음은 날씨처럼 영하로 뚝 떨어지고 곁은 텅 비어있다. 그리고 오늘 내로 봄은 오지 않는다. 밑그림을 그리고 가능한 범주 내의 해답을 찾아가며 어려운 부분을 해결해가는 묘미. 내가 신나게 건축하는 가장 큰 이유는 다음 기회에 보이기로 하고 펼쳐진 자료들을 서랍 속으로 밀어넣었다.

건축의 온도를
재어보았다

오늘 집으로 들어와서 가장 먼저 한 세 가지 일
〈불을 켠다〉
〈선풍기를 튼다〉
〈창을 연다〉

내가 그린 평면이 숨을 쉬려고 한다. 살고 있는 마을의 생활 속도에 맞춰 사람들과 같은 속도로 호흡을 한다.

때로는 뜨겁고, 때로는 얼음장처럼 차갑고 강렬하지만 오래 머물러야 하기에 식지 않고 한결같음을 유지하여야 한다.
이야기가 없는 건축은 호흡을 하기 힘들다.
맥박이 뛰고, 체온이 오르지 않는다면 살아있는 것이 아니기 때문이다. 난 그런 도면의 온도를 그리고 싶다.

비 오면 함께 사색을 하고, 바람 불면 같이 눈물도 흘리고, 아침이면 동녘의 미소를 닮은 그런 숨 쉬는 집을 생각한다. 요란한 치장과 값

비싼 재료만을 찾다보면 자신의 온기를 잃게 된다. 건축가 스스로를 위하여 공간이 과설계되는 집은 '보편성'을 잃기 쉽고 '균형미'마저도 없을 수도 있다. 사람에게는 36.5℃라는 일정한 온도가 있다. 건축의 온도는 과연 얼마일까? 건축도 체온처럼 36.5℃일지도 모르지만 우선 각각의 집이 가져야 하는 적당한 자신만의 온기를 지니는 것이 필요하다.

건축의 온도계를 가지고 오늘밤 그려내는 이 한 장의 스케치는 누군가의 '행복의 온도'를 맞춰줄 수 있어야 한다.

지금껏 많은 세월을 살아온 것은 아니지만 모든 이의 '꿈에는 크기가 없다'고 생각한다. 꿈이란 이루어지기도 하고 그냥 꿈으로만 끝날 수 있는 것이다. 하지만 꿈은 그 자체만으로도 가치 있다. 내가 그린 이 선(線, Line)들의 꿈은 지극히 소박하다. 비록 곧 사장(死藏)될지라도 하나의 공간을 만들어낼 수 있는 점(點)들의 신념들로부터 연결된 것이다.

이루어지지 못하면 어떤가.
꿈은 '있고 없음'의 문제이지 그 속에 있는 내용물이나 결과는 사실 건축에서 의미 없다는 것을 일을 하면서 늘 배운다.

이어지지 못하고 끊긴 〈막다른 길〉의 끈질긴 꿈처럼 기다리고 기다리며 적당한 건축의 길로 접어들게 된다.

공간 한 평,
마음 한 평

16층 멀리 한강과 예봉산이 보이는 사무실 옥상 의자에 걸터앉았다.

종일 검게 그을린 감정을 추스르기 위해 요즘 부쩍 옥상 잔디를 자주 찾고 빈둥거린다.

빈정거리기라도 하듯 달빛의 야릇한 야유를 머리에 이고 도대체 창작의 시작이 어디인지 묻는다.

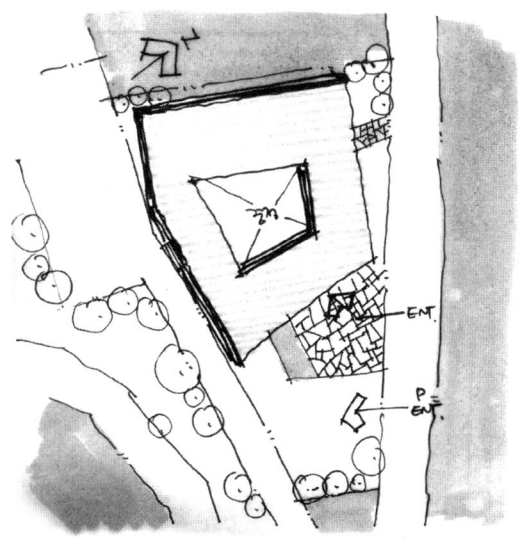

'그냥 그렇게 해요. 고집부리지 말고.'

'형편이 안 되어 재료를 바꿀 수밖에 없으니 이해하셔.'

아쉽다고 해야 하나 아니면 단호히 안 된다는 의사를 강력히 표현해야 하나. 하지만 요즘은 마음이 흔들리기보다는 나를 너무 아끼고 감싸는 것인지 결국 의견을 존중하는 게 아니라 수용하게 된다.
가끔은 이런 생각도 든다. '따지고 보면 내 건물도 아닌데 뭐.'
하지만 서로의 의견을 주고받으면서 돌아오는 길은 왜 이리 씁쓸한 걸까.
오늘 밤 내 마음 뉠 한 평은 정녕 없던가.

평범한 오십대의 건축가는 그렇게 좁디좁은 '진리'를 등에 메고 잠이 들고 만다. 마음에 들지 않은 숙제들을 해내지 못하고 발도 제대로 뻗지 못하고 쪽잠을 자고 만다.

PART 4

이미 난
잘하고 있다

건축가의 뜰은 쓸쓸하다

지난 늦봄에 인동초 넝쿨을 한 주 심었다.

몇 해 전 잔디를 깔면서 작업자의 실수로 마당에 있던 토종 으아리 꽃이 사라진 아쉬움을 달래기 위해서다.

앞마당에는 너댓 명이 담 밖을 내다 볼 수 있는 툇마루는 내가 저녁 노을을 보거나 믹스커피를 한 잔 하기에 딱 좋은 자리이다. 감성의 에스프리(esprit)를 담기에 충분하고 내 하루를 용서하기에도 부족함이 없다. 아무리 나를 질책하고 지나온 하루에 있었던 어마어마한 사건들을 질서 있게 풀어놓아도 도무지 알 수 없는 게 인생 아니던가. 내 자존심에 스크래치를 준 사람들의 얼굴과 말투를 떠올리는 것은 힘들기는 하지만 이 또한 나를 정상적인 모습으로 되돌려 놓는 아주 소중한 시간이고 이제는 일상이 되어버렸다. 크고 작은 톱니바퀴들이 한 치의 오차 없이 하나가 되어 돌아가는 기계적인 사회. 그 속에서 나 역시 그 부속품이 되어가는 현상을 결국에는 감내해야 하는 것. 조바심에 때로는 부적절하고 모순된 사고방식으로 세상을 보는 사람들이 대가를 치르기를 바라는 건 아니지만 나를 에워싸고 있는 단단한 내 성벽이 무너지는 것은 원하지 않는다.

나 역시 문제 투성이인데 누굴 질책할 수 있을까 싶지만 세상은 '공평'하기 이전에 '공정'해야 한다는 생각을 늘 품고 산다. '변화'는 되지만 '변칙'은 절대 있어서는 안 된다.

내가 몸 담고 있는 대한건축사협회에서 건축설계공모추진위원회라는 곳에서 작은 보탬이 될까 하여 그간 이어져 온 불합리한 제도 개선을 위해 조금씩 시간을 내고 있다. 같은 직업인으로서 선의의 경쟁을 피할 수야 없겠지만 끊임없이 반복된 폐습을 이어갈 수는 없기 때문이다. 사람과 사람의 관계와 조건 또한 만들어가는 것이기에 방향을 잃고 엉뚱한 방향으로 가는 열차를 멈추어야 하지 않겠는가.

공간을 디자인하기 전에 올바른 삶에 대한 디자인이 먼저이다.

방 한 켠에 조부모님 사진과 부모님 사진 그리고 아이들 사진을 놓고 자주 들여다 본다. 저녁 무렵에는 늘 나에게 고백하고 독백하는 시간을 준비한다. 부끄러운 것들과 껄끄러운 지난 기억을 통해 다시는 그 전철 속에 갇히기 싫은 탓이다. 내가 지금 서 있는 이곳이 나의 굴레이며 나를 성숙시키는 그릇안이다. 오래된 집을 허물듯 잘못된 것들을 허무는 것은 당연하기에 담 너머 나를 채찍질하는 다디단 매질을 감내해 내는 오늘이고 싶다.

〈세상은 내 편보다 네 편이 훨씬 많다는 것을 알아야 한다.〉

마음의 양감(Mass)을
논하다

격식을 차리지 않은 건축물들이 도시를 차지하기 시작하고 있다. 일관성은 없어도 뭇시선을 받아내기에는 충분하다. 공간적 해석과 기능적 측면을 차치하고서라도 변화하고 있는 도시와 사회의 흐름에 편승하여 발전되고 있는 오늘의 현실이다.

유선형의 작지 않은 웅장한 미술관 구조 체계를 탈피한 볼썽사납고(?) 요란한 도서관. 이러한 아이덴티티를 가진 건축물들이 그들 나름대로의 양감(Mass)을 세우고 있다.

양감(Mass)의 크고 작음은 중요치 않다. 독창성(Creativity)으로 비어있던 공간을 아름답게 채워간다. 자신의 스타일을 창조하고 찾아내는 것. 건축가의 매력이 바로 여기에 있다. 자연을 담고, 사람을 담고, 그리고 궁극적으로 도시 전체를 담아내는 '창조적'이다.

땅 위에 단 1초라도 한 발짝도 떼고서는 살 수 없는 우리. 건축의 모양을 통해 내 속에 내재되어 있는 마음도 바로잡아가야겠다. 둥글게 생긴 인생이든, 뾰족하고 모난 인생이든 다만 나에게 맞는 자연스러운 형태로 양감(Mass)을 꾸며야 할 것 같다.

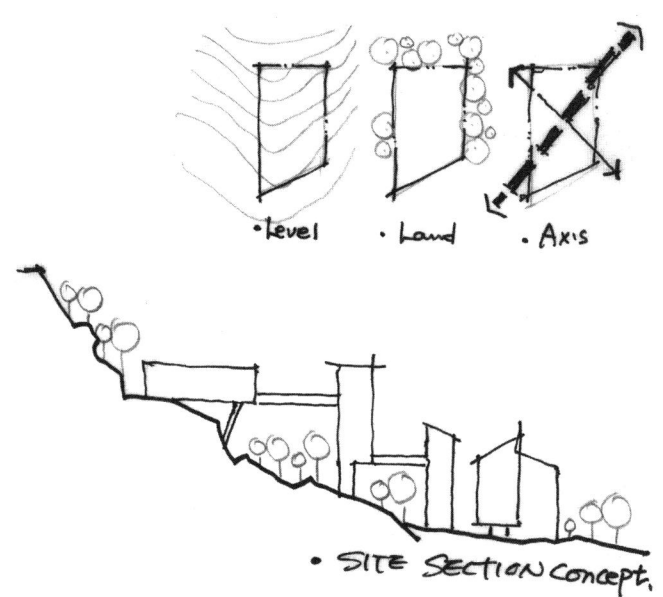

휴휴자적 (休休自適)

금요일 오후가 시작되면 서둘러 일을 마치려고 한다.

'친구를 만나는 일', '아버지 병문안 가는 일', '그냥 쉬는 일', '아이들과 밥 먹는 일', '청소하는 일'. 그리고 보니 모두 해야 할 일인 것처럼 느껴진다.

혼자서는 세상을 살 수 없기에 인생에서의 〈동행〉은 참으로 소중하다. 전화기를 진동모드로 전환을 하고, 숲이 있는 어느 곳이든 나를 숨겨 놓고 싶을 때가 있다. 누군가의 신랑으로, 누군가의 애인으로, 누군가의 아들로, 또 누군가의 구경꾼으로, 누군가의 팔로워로 산다는 것. 이 모든 것은 따지고 보면 休休(휴휴)다.

집을 나와 조금만 걸으면 중랑천이 있다.

주말 아침, 밀린 잠을 다디달게 잔 후 뜨거웠던 내 손을 강물에 담그리라. 작은 물줄기와 같은 속도로 나란히 걸으면 또 하나의 반려자를 만날 수 있다. 물이 흘러 또 한 물을 만나는 곳까지 함께 동무하며 흘려보내리라. 같은 속도로 동행하며 솟아내는 내 흥분을 물속에 가라앉히고 오겠다.

꿈꾸다 만 어젯밤의 사건들을 물 위로 띄워 보내고 나를 경멸했던 사람들을 용서하는 법을 배우게 된다. 내 편이 아닌 영원한 네 편인 사람들에 대한 방어와 그들의 시선(視線)에 조금 더 열중할 수 있다.

지붕 없는
도시에 서다

뒷박 하나에 물을 담아 내 가슴에 부으면 차고 넘치겠지. 한 뼘 두께도 안 되는 내 작은 가슴 하나로 내가 얼마나 큰 인생을 담겠다고.

부서지고, 약하고 힘없는 이 낮은 자세로 도대체 이 거대한 세상을 어찌 버티고 살아갈지 두렵다. 줄 것도 없고 남길 것도 없는 인생의 중간쯤. 이제는 벌거벗은 알몸으로 '광야'에 서고 싶다. 한 송이 야생화면 어떠랴. 이름 없는 들풀이면 또 어떠랴. 아무도 지켜주는 이 없는 벌판에서 온전히 홀로서기를 배우리라. 바람이 불면 온몸으로 막아서고, 비 내리는 날에는 빈 몸으로 맞서면서 내 몸에 묻은 찝찝한 먼지들을 훌훌 바람에 실어 보내고, 이 지붕 없는 들녘에서 뜨거운 흙이 되어 보리라.

불완전했던 디스토피아(Distopia)를 지나 이제 진정한 유토피아(Utopia)를 내가 살고 있는 이 공간에서 찾아보려 한다.

단단한 콘크리트 옹벽으로 담을 치고 나를 보호하면서 세상과 단절을 하지 못하는 이상 나는 결국 빽빽한 도시 속에서 버티고 살아남아야 한다. 독특한 생각 투성이 도시인들의 길 한가운데에서 떠밀리고 걸어차이면서도 혼자서 연출을 하고 무대를 꾸며야 한다. 설령 아무도 찾는 이 없는 막다른 골목 끝이 될지라도 한여름의 장대비와 날선 겨울바람을 견뎌야 한다.

결국 내가 찾을 수는 없겠지만 이곳 역시 내 가슴 속에 있다는 사실을 알면서 내가 이 지붕 없는 공간에서 독주(獨奏)하는 이유이다.

내가 고른
내 마음의 메뉴(Menu)

바로 어제의 일들도 기억 못하면서 십여 년 전의 날씨는 더더욱 기억이 날 리가 없지 않겠나. 그러나 내일 내가 있어야 할 곳과 내가 해야만 하는 일만큼은 분명하다.

설계를 할 때 프로세스를 정해놓고 일을 하듯이 일어날 일들을 예상하고 준비하는 것만큼은 정해놓을 수 있다는 게 참 다행이다. 정도의 차이는 있겠지만 실패한 시간이 있다면 일어설 기회도 얼마든지 많지 않을까? 강력한 용기가 없다 하더라도 일어설 수 있는 기회는 얻을 수 있었을 테니까. 마치 점심 메뉴로 김치찌개를 먹을지, 스파게티를 먹을지에 대한 것도 미리 정해 놓을 수 있는 것처럼.

'준비된 인간'이 되기 위해서라기보다는 아주 '보편적인 인간'이 되기 위해서 현실이라는 '길' 위에 밑줄 하나 그어보자. 그러면 어쩌면 복잡한 난제들도 쉽게 해결될 수 있다. 회복 가능성이 없는 환자를 위하여 웰다잉(Well-Dying)이라는 조금은 모순된 방법을 선택하듯이. 언제나 선택의 연속이라는 내 인생을 미리 펼쳐놓고 보면 '최선'은 늘 존재해 왔다. 무엇을 마련해 놓아야 할지를 예견하다 보면 내가 먹을 이 한 끼 메뉴 속에도 내 마음이 온전히 녹아 있게 마련이다. 숨죽이며 살아갈 필요도 망설이며 주저할 이유도 사라지게 될 테니 공간 창출이라는 명제를 앞에 놓고서 건축가의 '사명' 내지는 '소명'을 다하리라.

어디서 살 것인지, 어떻게 살 것인지에 대한 '기획적 사고'와 '본질적 가치'를 공간이라는 것에 부여하는 일. 좀 더 사람이 먼저인 곳에 머물고 싶다.

인연의
길이

연(緣)이란 길고 짧음은 있으나 언젠가는 내 앞에 오고가는 것이다. 억지로 늘이고 줄인다 한들 그 인연의 길이 또한 내 능력으로는 애초부터 어찌할 수 없는 노릇이다.

수해 전, S그룹 L회장 집을 마주보던 땅에 건축 설계를 할 기회가 온 적이 있었다. 패션계에서 어느 정도 입지가 있는 디자이너를 통해 얻게 된 이번 기회를 놓치고 싶지 않았다. 하지만 세상일은 늘 그렇듯이, 광화문 세종문화회관 바로 뒤편에서 셋방살이하던 가난한 건축가의 마음과 같지 않았다.

결국 이 땅은 다른 대기업 회장에게 넘어가고 말았다. 이번 기회를 성공적으로 마무리하기 위하여 수개월 동안 오르내리던 이태원동 비탈길이 내 마음속 내리막길로 이어졌다는 사실에 허탈하였다.

땅과 건축가도 '인연'이란 고리 속에 엉켜 있을 수밖에 없는 게 아닐까. 담장을 쌓고 돌을 놓는 것 또한 많은 숙고를 해야 한다.

그리고 건축사는 모든 것을 잊어버리는 것으로 마무리하게 된다. 거부한다고 멀어지는 것도 아니며, 좋아한다고 해서 쉽게 다가오는 것 또한 아니란 것을 잘 알고 있다.

가로세로 작은 60cm 제도판. 내가 누군가를 위해 그 위에서 구현해 낼 수 있는 것. 나를 기다리는 사람과 내가 기다리는 사람은 다르지만 오늘도 건축가는 여기서 오늘도 누군가와의 인연을 위하여 바짝 긴장한 펜대를 세우고 힘을 주고 있다.

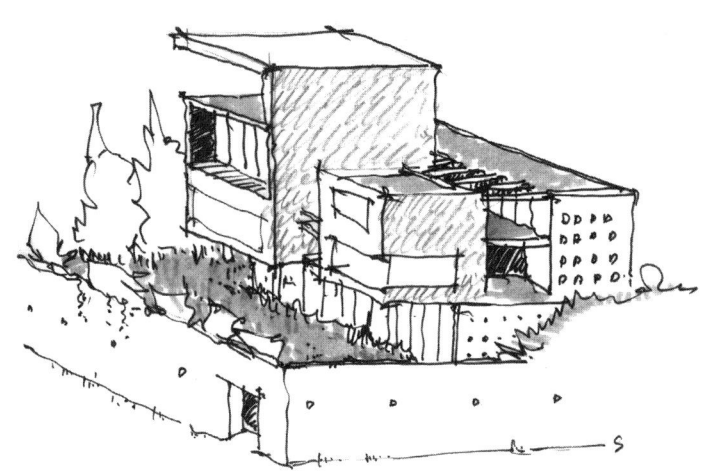

주목받는
인생이고 싶다

아파트 1층 어린이집을 시작으로 아이는 세상을 구경하기 시작한다. 10미터 앞 단지 내 초등학교, 횡단보도 하나 건너 200미터 쯤 중학교, 그리고 버스길로 1킬로미터 고등학교. 졸업하고 지하철을 갈아타며 재능도 없는 건축공학과를 고민하다가 다니게 되고 스물을 넘은 아이는 점점 가족들에게서 멀어져 간다.

이제 아이의 인생에는 홀로서기와 목적 없는 자립이 시작되겠지.

엄마의 품에서 길러진, 아니 길들여진 인생은 어디에 있어도 미완성이며 불완전하다. 온전히 몸과 함께 컸어야 할 마음은 아직도 어린데 시간은 우릴 기다려주질 않는다. 한 번도 다른 이에게 손을 내밀거나 잡아준 적이 없는 차가운 가슴으로 세상이라는 넓은 공간에서 홀로서기할 수 있을까.

어디에서부터 다시 시작해야 하나, 돌아갈 수는 있기나 한 건가.

멀어져 가는 것들이 인생을 차지하고 있다.

가지에 매달린 봄 잎들도 겨울이 오기 전 저 먼 낭떠러지 같은 땅으로 떨어지고, 산꼭대기 샘물도 흘러흘러 언젠가 목적지인 먼 바다를 향해 긴 여행을 떠난다.

　살아가면서 누군가와 보이지 않는 경쟁을 하게 되고 순서가 정해지면서 때로는 마음의 상처를 받는다. 그러나 태어날 때부터 선별된 인생이라 해서, 남보다 좀 더 우월하다 해서 행복한 인생인지는 반평생쯤 살다보면 참 의미 없다는 것을 알게 된다. 자신의 인생노트는 자신의 것으로만 채운다면 빛나는 인생일진대, 살면서 늘 누군가와 비교하고, 견제받는 것으로 때로는 마음의 상처를 받지만 이런 것들로 인하여 주눅들고 스스로를 폄하할 필요는 전혀 없다.

　내가 걸어온 만큼 나의 시야 또한 넓어지고 변하고 있다. 내 생활의

색깔은 나만의 색이어야 한다. 주위의 색에 물들 필요도 없으며 또 그럴 가치도 없는 것일진대 어디론가 한 방향으로만 인도하는 우리 같은 어른들은 몰라도 너무 모른다.

삶의 공간 또한 제한되어 있는 것은 맞지만 그 속에서 걸어가는 다양한 모습을 존중하는 시선이 필요하다.

나의 공간의 형태를 인생에서 찾아야 한다. 또한 나의 인생을 다각적인 공간의 형태로 느껴야 한다. 나의 생각을 담은 나에게 주목하는 진정한 삶을 만들어보자.

치열한
공간게임

한정된 공간. '건축'은 깊은 풀 속에 숨어있는지도 모른다.
마치 솔가지에 꼭꼭 숨어있는 송이를 캐듯이
건축은 건축가의 손길로 고이 다듬어지고 발견될 때
세상 밖으로 구경을 나온다.

찬란한 태양과 잉태의 새벽을 맞이하는 순간,
헝클어진 나뭇가지를 헤치고 난 뒤에야 '창조'의 빛을 본다.
누군가는 잿빛 얼굴로, 또 누군가는 기하학적 모양으로
제각각 자기의 얼굴로 나타난다.

건축가의 계획 의도는 정해지지 않은 해답으로 떠나는 긴 여행이다. 냉정하지만 때로는 과감하게 마음의 경계선상에 놓인 것들에 기준을 세우고 게임의 승자가 되어야 한다. 누군가를 이기기 위함도 아니고, 100%의 완벽한 공간의 구현은 아니지만 그 속에는 온갖 아슬아슬한 자신만의 '법칙'과 '선택'이 숨겨져 있다. 그래서 건축가의 게임 속에는 비록 혼자이긴 하지만 '쓸쓸함', '선택', '처절함', '책임감', '희열이 공존한다. 그래서 늘 그 시간은 검다. 오늘처럼.

  피 흘리지는 않아도 홀로서기처럼 치열하게 싸운다. 건축은 컴퓨터 공학이나 수학처럼 정해진 답이 있어서 미리 알 수 있는 것이 아니다. 사실, 훈련을 하고 풀이를 복습한다고 해서 늘 정답이 나오는 것은 아니기 때문이다.

  '인생'을 살다보면 누구나 달콤한 로맨스를 기대하거나 때로는 타인에게 많은 사랑을 받으며 부귀영화를 누리고 싶어 한다. 자신의 인생이 역동적이며 주목받는 삶이기를 바라지만, 자신의 품격 또한 이 치열함의 산물이어야 하며 결코 요행과 허영심으로는 만들어지지 않는다는 것을 잊지말아야 한다.

  순간의 선택 앞에서 절대로 타협적이지 않고, 침착함을 유지해야만 이 치열한 게임을 즐길 수 있다.

'별 헤는 밤'과 '책 헤는 밤'

　온종일 눈을 뜨고 다녀도 도무지 '색'을 알 수 없는 것들은 참으로 많다. 그 예가 '책'과 '길'이다. 이들처럼 세상에는 마음대로 셀 수 없는 것들이 너무 많다. 굳이 셀 필요는 없다. 책장을 열면 글 속에 펼쳐진 작가의 무궁한 스토리들, 길 속에 나열된 수많은 나무와 그리고 집들. 한 묶음의 책과 한 걸음의 길 속에 모두 담겨 있다.

　오늘 밤,
　그 책과 길 속에 잠자고 있는 '생각'과 '진실' 덩어리를 발견해보겠다. 책 속의 하얀 첫 페이지를 넘기면 작가의 '자기 합리화'가 시작된다. 마치 '신'이 된 듯 즐비한 단어들이 나를 현혹하면서 빨려들게끔 한다. 정해진 결말을 향해 재잘재잘 포장된 말들이 이어진다.

　제법 운치 있는 태양광 '등' 아래 쑥부쟁이 꼿꼿이 병이 책 한 권을 집어삼킨다. 좀좀한 글자 하나하나가 어두운 골목길에 낙엽처럼 내려앉는 밤. 오늘은 이들과 동침을 해야겠다.

우리 집의 매력적인 부분 중 하나인 솟을대문을 열고 내 건축적 능력을 테스트 하고 간 얄미운 이방인이 생각난다. 허리 높이 담을 넘어온 행인의 관심 어린 눈길이 때로는 불편하기도 하다. 벌써 시월도 절반이나 지났는데 읽지 못한 페이지에 담긴 가을 이야기는 새벽까지 나를 깨어있게 한다. 지붕을 타고 흘러 온 빗물은 어느덧 마당 우수맨홀로 빨려들었고 내 작은 제도판에는 며칠 전부터 해결하지 못한 숙제가 지우개똥과 함께 나뒹굴고 있다.

내가 작업실을 꾸며 놓은 지도 벌써 3년이 넘었다. 내 마음의 소리를 듣고 싶을 때, 누군가와의 이야기가 필요할 때, 레코드판에서 흐르는 음악이 그리울 때 내 마음의 정화를 위해서였다.

사람의 심리를 담는 방법에는 여러 가지가 있다. 건축에는 '안'과 '밖'을 강력하게 구분하는 〈벽(壁), Wall〉으로 유한의 크기를 만들어 공간의 존재를 가능하게 한다. 어쩌면 공간은 공간이기에 앞서 하나의 '바탕(Base)'이 된다.

그 바탕의 시작은 건축가의 산책에서 시작된다. 그래서 그의 경험이 건축적 사고의 깊이를 만들어내는 시발점이 된다. '책(冊)'은 사람에게 '길(Road)'이다. 사람이 길을 만들고 길이 또 사람을 만들듯이 건축가에게서의 길은 사색을 넘어 공간을 경계짓게 하는 힘을 준다. 주어진 순서대로 살지 않고 끼어들기 하듯 살아가려는 사람들, 조급한 마음에 중간쯤으로 삶을 시작하려는 사람들에게 책은 반드시 필요한 것일지 모른다.

건축공간 역시 마찬가지다. 땅을 다지고 기초를 놓아야 할 때 미리 중간층을 생각하게 되면 예상 못했던 불행한 일들이 다가온다. 풀이 돋아날 때 땅을 다지는 것처럼 건축은 절차의 직업이다. 그래서 원칙이 존재해야 하는 것이며 작은 욕심 또한 허용하지 않는다. 세상에는 불가능이란 없지만 터무니없는 과욕은 반드시 '화(禍)'를 부르기에 내가 이 작은 집 안에서 서성거리는 것이 어쩌면 당연한 일일지도 모르겠다.

그래서 내 안의 산재한 생각들을 골라내고 몰두할 때 그제야 진정한 별밤이 등장한다.

아무튼 해(日, Sun)
보려고 한다

온 밤을 떠돌다
이제야 너를 마주하게 되는구나.

창백한 한밤의 검은 하늘이 나를 그토록 불렀건만
헤메다 헤메다가

이제야 와 준 너를 이해하는
새벽

그래서 내가 너를
이토록 찾았나 보다.

*어느 무의미한 날 아침 해를 기다리며….

소소*하하** (小少嚇嚇)

월요일 9시. 몇 안 되는 일 식구들이 모여 의미 없는 회의를 한다.

서로 눈치만 보다가 자기 자리로 돌아가 앉는다.

미완성의 작품들을 품평하듯이 온갖 문제 투성이의 일들을 한데 모아 성토를 하기 시작한다. 누구 할 것 없이 비평을 쏟아내는 과정에서 각자의 소신과 철학(?)으로 건축에 대하여 이야기하는 것은 언제나 자유분방해야 하지만 현실은 아주 단순히 흘러간다. 내가 뱉은 말 한마디가 행여 상대방의 마음을 다치게 하지 않을지부터 고민하기 때문이다. 사실, 건축이 한 사람의 생각으로 정해지는 것은 거의 불가능에 가까운 이야기이다. 그럴 필요도 또 그럴 수도 없다. 결국 사람의 생각으로 사람을 담아내야 하기 때문이다. 내가 누구를 만나게 되고, 또 누군가의 생각을 받아들일 준비가 되어 있어야만 비로소 건축이 시작될 수 있다.

얼마 전 땅 한 필지를 들고 졸업한 지 수십 년도 더 된 옛 친구가 나를 찾아왔다. 망설였다. 한 채의 집이 만들어지기까지 쏟아 부어야 할

---

* 소소하다 : 얼마 되지 않다.

** 하하하다 : 입을 크게 벌리고 거리낌 없이 크게 웃다.

정성과 시간을 짐작도 하지 못한 채 완벽한 집을 구현해 내는 것이란 어떤 건축가라도 어려운 일이기 때문이다. 친구라는 이유로, 아는 사람의 소개로 때로는 그냥 작은 소문 하나를 믿고 찾아와준 것은 감사한 일이지만 내가 그에게 제시해야 할 완성품은 인연의 깊고 얕음과는 전혀 관계가 없다는 것을 알려야만 한다. 하지만 빈손으로 돌려보내거나 성향이 맞지 않을 수도 있다는 것을 어떤 방식으로든 설명을 해야 하기에 답답하게 이야기가 흘러가는 일도 부지기수이다.

 글과 그림은 누군가의 의도를 반영하지 않아도 된다. 완성된 것들을 진열장에 전시하듯이 내놓았을 때 감상자는 그저 공감하면 되지만 건축은 건축가의 소유와 권리가 절반 이상은 없는 상태에서 시작되기 때문에 삐걱거릴 수밖에 없다. 물론 그 작품에 대하여 좋고 나쁨은 건축가 스스로 이미 느끼고 있겠지만 이에 대하여 낙관하거나 좌절할 필요는 없다.
 건축가를 수능점수처럼 성적순으로 서열을 정할 수는 없다. 다만 어느 정도 그 사람에게 타고난 소질과 창의력은 있어야 하겠지만 일정 궤도에 오른 건축가를 평가하는 것은 옳지 않은 일이다.

양질의 공간이 탄생하기까지 수천 가지의 질문과 답변, 요청과 수정 그리고 마지막 결정에 이르기까지 초행길을 가듯이 고비를 만나고 그 헐떡거리는 숨을 참아내며 견뎌가는 것이리라.

비록 작은 공간들이지만 하나씩 하나씩 엮고 또 엮어서 실제로는 비어있는 공간을 가득 찬 공간으로 바꾸고 마지막으로 그 속에서 함께 공감을 하고 상대가 공감하게 만드는 일. 이것이 진정한 건축이다.

정작, 나는 건축가라고
말할 수 있는가

대부분의 사람들은 선택과 때로는 사심(?)에 따라 '정의'를 참 그럴듯하게 내린다. 그것도 빨리. 스스로의 추론에 불과한 것임에도 그것이 정답인 양, 상대방을 설득하려고 하고 스스로의 아집으로 인해 때로는 일을 망치기도 한다. 지금까지 살아온 시간의 절반을 건축에 쏟아 부으면서도, 정작 나는 나의 언어를 아직도 발견하지 못했다. 시대가 준 유행을 흉내 내고, 분위기에 휩싸여 마치 앞서가는 현대인인 것처럼 자신의 위상을 치켜세우며 살고 있는 것은 아닌가 반성하게 된다. 비좁은 대지 위에 마치 비상한 건축인 양 뽐내기도 하고, 도시의 변방에서 마에스트로의 지휘봉처럼 건축을 멋대로 휘젓지는 않았는지. 오늘은 왠지 점잖아지고 싶은 그 이유다. 나로 인해 또 다른 누군가를 불편하게 하지는 않았는지, 스스로를 합리화하기 위하여 온종일 돌아다니지는 않았는지 조용히 두 손을 모으고 다소곳해지는 저녁이다. 강렬한 콘셉트와 유독 나만이 할 수 있다는 자만에 빠져있지는 않은지 내 앞에 뜨겁게 앉아 있는 찻잔에 한번 되물어보는 오후다.

도시의 가장자리에서 정의되지 않는 진실들을 방에 가득 모아서 혼자서 이리저리 분해하고 분석을 해본다. 그러나 도시는 늘 나에게 대답을 하지 않는다. 경계를 무너뜨리고 설득하기 쉬운 건축의 형태를 만들어가는 과정 속에서 가장 적절한 무늬를 그려내려 한다.

도시의 그림자가 다가왔다. 가장 단순한 것에서부터 가장 섬세한 것에 이르기까지 '공간의 사용법'에 대해 정의를 내려야 한다. 글을 짓는 시인이나 독(Jar)을 짓는 공예가나 모두 자신의 형태를 만들기 위해 분주하다. 건축은 예술가 자신이 공감하기보다는 사용자가 먼저 공감해주지 않는다면 실패한 작품이 되기 십상이기에 더더욱 신중해야 하며 정성을 쏟지 않으면 낭패를 보게 된다.

추신 (PS, Postscript)

　봄바람을 먼저 차지하려고 마을 나뭇가지들이 현란한 춤 솜씨를 펼친다. 계절의 시작이다. 겨울로 가기 위한 긴 여정이 봄바람에서 시작되었다. 봄이 여름에게 편지를 쓰고, 여름은 가을에게 뜨거운 열기의 시련을 보낸다. 또 가을도 낙엽 이야기를 겨울에게 소개한다. 망월동 설계가 끝나고 동네의 백색 이층집에 자리를 잡았다. 땅에 말뚝을 박고, 재빠른 철조공의 손놀림으로 이 집은 한 가족의 지붕이 되었다. 아이가 자라듯이 그렇게 공간도 시간을 따라 성장했다. 돌이켜 보면 봇짐장수의 어깨처럼 힘겨웠건만 비틀비틀 주저앉기를 반복하면서 용하게도 지번 하나를 차지하였다. 망월동 261번지. 〈골목길〉, 〈따로〉, 〈ZIP〉

　사람들은 가슴에 담은 '진정성'의 얘기들을 때론 서신으로 적어 보내는 이유는 무엇일까. 한때 학창시절 문학 소년인 내가 그래왔었던 것처럼 입으로 전한 이야기는 너무 쉬워 보이는 까닭이겠지.

　늦은 밤까지 써내려간 사연은 이제 우표를 붙이고 나면 그에게로 배달될 것이다. '궁금', '설렘'… 나를 어떻게 생각할까. 행여 반송은 되지 않을까 노심초사 답장이 올 때까지 떨리는 마음은 편지지에 말

없이 남아있었다.

　P.S. 언제나 한마디 첨언은 짧지만 마음을 바람처럼 흔들리게 하는 매력이 있었다. 건축이 마무리되고, 각각의 공간으로 배정된 사람들이 속속히 채워진다. 건축가는 아쉬움과 만족을, 공간을 차지한 이용자도 아쉬움과 만족을…. 계절도 시계초침을 따라 밤을 새웠다. 오늘의 P.S.는 이랬으면 좋겠다.
　'참 그립습니다.'
　다락방 천창으로 달 그림자(정말 있을까?)가 내린다.

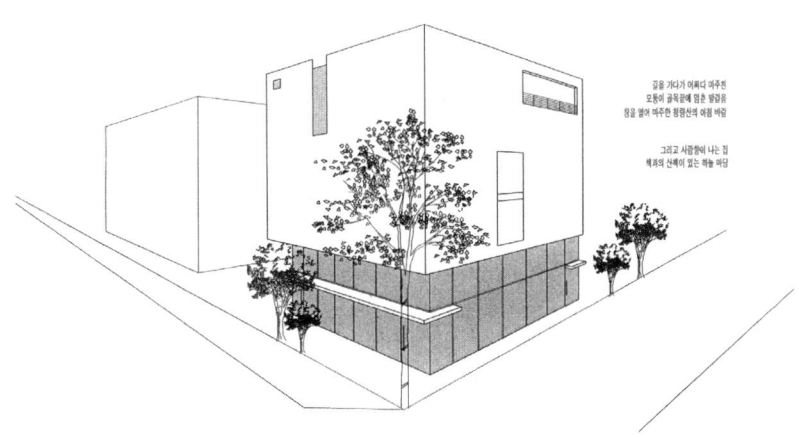

별을 보면
혼란스럽다

나는 별을 보면 혼란에 빠져든다. 때로는 가시바늘처럼 따갑기만 하다. 먼저 뜨는 별은 나에게 어느 방향을 주시하고 가야할지 방향을 알려주지만 새벽 늦게까지 별을 구경하고 나면 그때는 내가 어디로 왔는지 또 다음은 어디로 갈지 도무지 알 수 없게 만들기 때문이다. 수많은 별 중에서 가장 선명한 별 하나를 골라 나도 저 별처럼 빛나는 인생이고 주목받는 건축가로 그렇게 빛날 것이라고 생각하지만 새벽이 채 가기도 전에 내 의지는 이미 길을 잃기 일쑤이다. 모두 집으로 돌아간 뒤 아무도 없는 사무실과 넓은 옥상에 오를 때마다 새로운 상상과 생각으로 가득차곤 한다. 나에게 주어진 시간과 공간 속에서 향유해야 할 것들을 무한정 채울 수는 없다. 그냥 생각할 수 있다는 그 자체가 건축가로서 행복한 일임에 만족하려 한다.

그러나 뭐가 그리 샘이 많은지. 뭐가 그리 질투가 많은지. 내 마음처럼 하나의 결론에 다다를 때까지는 비참하리만큼의 산고를 겪어내야 한다. 거리도 모르면서 제각각 초롱초롱 빛나며 나를 밝혀주던 밤. 나도 그 별 가운데 하나겠지라며 위로한다.

건축도 저 별과 다르지 않다. 저만치 보이지 않는 것을 좇는 마음.

생김을 조각하고 영감을 그려내기 위해 가까이 있는 것을 애써 외면하면서 말이다.

  오늘밤 질기디 질긴 밤을 보내면서
  저 휘영청 둥근 달을 가까이 두고서 또 어디론가 상상의 나래를 펴고 있다.

도시의 층(Layer)

'역사'는 도시를 만든 장본인이다.

서울 도심의 종로는 1398년에 만들어진 우리나라 600년 도읍의 중심 도로이다. 이곳 종로구의 길은 자신의 색(色)을 가득 담고 있다. 자그마치 아흔 개가 넘는 마을(동)을 가진 우리나라의 중심. 과거 왕의 터, 선교발생지의 정동길, 내가 살던 서민들의 신문로 골목, 을지로 근대 빌딩들 그 사이의 길, 복원된 청계천의 물길, 새롭게 꾸며진 북적북적한 북촌 마을에 이르기까지. 하루의 빈 시간을 내어 잠시 이 도시에 나를 맡겨본다. 도시는 이처럼 뒷짐 지고 걸어야만 보이는 것들이 살펴보면 참 많다. 건물과 마당을 나누고, 방과 거실을 나누고, 길과 땅을 나누며, 공원과 학교를 나누며 도시는 그렇게 조각조각 자신의 층으로 존재한다. 시간을 따라 내 발걸음도 분주하다. 건축을 이해하기 위해 수십 년을 일하면서도 아직도 깨닫지 못하는 것들이 얼마나 많은가. 조각난 퍼즐처럼 흩어져 있는 것들을 정의하고 내 것으로 만들기 위한 일들을 하면서 어떤 것에도 간섭받지 않고 하기란 힘든 일이다. 모든 일이 그러하겠지만 나만의 색깔을, 나만의 형태를 만들어내는 쉼 없는 작업들을 하고 있다. 온몸으로 감당하고 이겨내기 벅찰 때가 한두 번이 아니었지만 그럴 때마다 나는 이 숱한 역사의 사건을 이겨낸 이 마을을 거닐곤 했다. 어쩌면 나를 이끌고 또한 쓰러지지 않게 한 것 역시 서울 한복판의 정감이었는지도 모른다. 누구나 그렇듯이 나 역시도 늘 앞으로만 나아가려 했지 지나온 일들에 대한 기억과 존재에게는 너무 무심하였다. 새로운 날들에 대한 계획들조차 나의 어제와 오늘이 만들어낸 것이었음을 다시금 깨닫는다.

내가 건축에 손을 놓게 된다면 무슨 일을 할까? 정녕 할 수 있는 것이 있기나 한가? 바보스러운 물음에 답조차 내질 못하니 참 한심한 노릇이 아닐 수 없다. 지나온 걸음들을 밟고 간 흔적이 하나둘씩 사라지고 건축에 대한 나만의 레시피를 만들어가는 과정을 또 답습하겠지. 때론 거울에 비친 내 몰골과 이 도시를 살고 있는 내 우유부단함을 또

한 번 질책한다.

  그러나 이 도시가 만들어낸 층(Layer)의 활용법과 즐길 수 있는 콘텐츠들을 모아 하나씩 하나씩 읽어 내려가야 한다. 지금까지 내가 건축의 미학이라고 함부로 지껄여왔던 실체들과 이제 힘겨루기를 해야 할 시간이다. 언제나 그랬던 것처럼 나의 앞뒤가 맞지 않은 모순 덩어리를 합리화하는 데 시간을 허비하지 말고 앞으로 나아가겠다. 내가 살아가는 가치와 이유에 대해 당당해질 수 있도록 말이다.

기적 같은 하루란 없다

새벽잠이 별로 없는 나는 '아침형 인간'에 가깝다. 일찍 잠에 드는 것과는 무관하다. 자명종 알람이 없어도 6시 전에 눈을 뜨고, 어제처럼 아침을 먹고, 어제와 같은 길을 나서고, 어제와 같은 사람들과 또 어제 하던 일들을 다시 한다. 어찌 보면 지루하기 짝이 없고 새로운 것이라고는 아무리 찾아봐도 없는 어제와 같은 나날들의 연속이다.

내 미래를 꿰뚫는 엉터리 점쟁이의 예언대로 이미 내 삶은 정해져 있고, 굳이 바꿀 필요도 없을지도 모른다. 아무것도 반박하지 못하며, 전혀 과학적이지 못한 나의 하루. 비판적이지 못하고 생각한 바와 거리가 먼 행동일지라도 이렇게 반복적으로 척척 해내고 있는 내 모습에 깜짝깜짝 놀랄 때도 있다. 그렇다고 해도 '순수'는 아닐 것이다.

마땅히 있어야 할 자리에서 나를 돕겠다는 사람 하나 없는 이 공간에서 오늘도 전혀 발전적이지 않은 모습으로 흔하디 흔한 수필 속의 주인공으로 살고 있다. 다시 아침이 올 때까지 나는 전혀 기적 같은 하루를 보내고 있지 않다. 남들이 만들어낸 사물들에 대한 공유로 버티고 유쾌하지 못하고 어설픈 모방과 창작의 중간쯤을 늘 기웃거렸다.

〈나는 잘하고 있는가〉라는 질문을 하지 않을 수 없다.

어제도, 오늘도 그리고 내일도 아마 나조차도 '리드'하지 못하고 전혀 기록되지 못하는 운명 같은 나날을 보내고 있을 것이다.

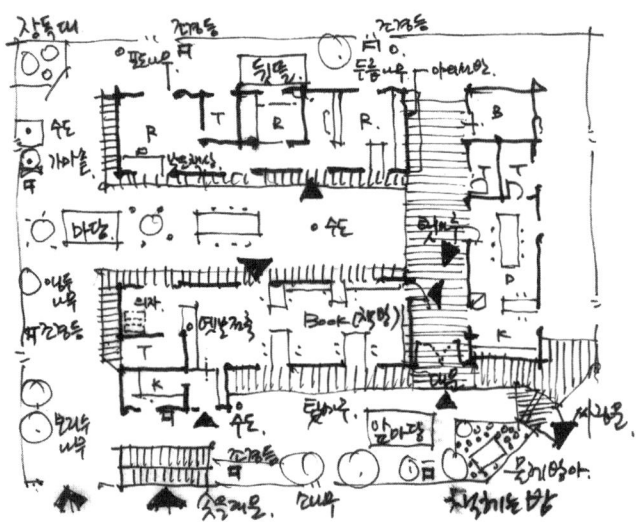

서울 변방 건축사로
오늘을 산다는 것

하루가 또 탄생했다.

지난밤을 잘 지켜준 샛별들이 다시 잠들 시간.

나는 여느 때와 같이 서울에서 교통체증을 감수하면서 경기도 하남에 있는 작업실로 어제와 같은 시간에 아침 길을 나선다. 문을 열고 들어서는 순간, 아무도 들어주지 않는 혼잣말로 스스로에게 종일 할 일에 대해 이야기한다. 건축사로서 하루를 가치 있게 사는 것이 어떤 것인지 모른 채 이리저리 분주하다보면 너저분한 책상 위에는 그 흔적과 결과물들이 차곡차곡 쌓여있고, 저녁이 되면 분배되지 못한 온갖 자료들을 머릿속과 컴퓨터, 그리고 파일 집에 그제야 정리를 한다.

처음 건축사 면허증을 받았을 때 능란한 솜씨로 유명세를 떨치겠다고 스스로 다짐했던 그 당당함, 포부는 아직도 사라지지는 않았지만 어느새 찻잔 식듯이 아주 조금씩 약해지고 있었다. 처음 종로 한복판에서 기발한 아이디어로 랜드마크 같은 고층 빌딩을 세울 줄 알았지만 이 또한 탁월한 영업 전략과 남다른 노력, 그리고 실력이 겸비되더라도 내 소심한 품성으로는 애초부터 불가능한 건지도 모른다. 일 년,

이 년, 십 년, 그리고 어느덧 이십 년의 세월이 훌쩍 지났다.

내 곁에는 몇 안 되는 직원들과 작은 지역 설계 일들로 삶을 꾸려가는 소규모 건축사사무소의 건축사들이 있다. 이곳에서의 치열함이란 서울에서 생각하는 그런 독창적이며 혁신적인 건축물을 만들어내는 일과는 조금 차이가 있다. 이 작은 도시에서도 어느 덧 십여 년이 되었다.

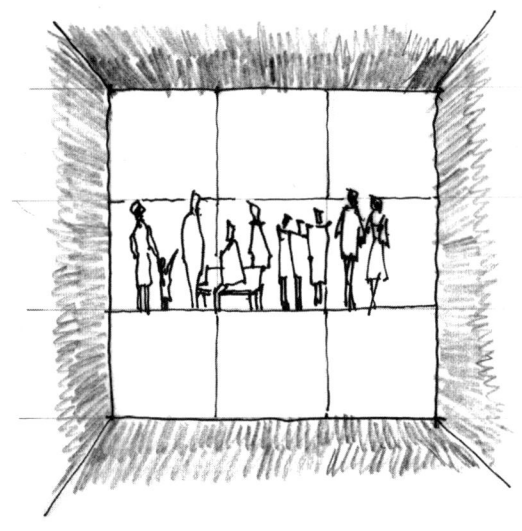

이곳은 경기도에 있는 도시 중에서도 크기로 보면 아주 작은 도시이며, 설계 일을 하기 위해서는 신도시 택지지구에 발을 들여놓지 않으면 안 된다. 다행히 소규모 주택 또는 근린생활시설 용도이긴 하여도

운 좋게 몇 개를 의뢰받아 진행하게 되어 다행이었다. 처음에는 아직도 '원주민'이란 용어를 사용하고 있어 깜짝 놀랐다. 마치 부족 마을처럼. 예전부터 지역민들 사이에 서로 상부상조하며 네트워크가 연계되어 있어 그 관계 속에 비집고 들어가려 해도 도통 틈이 잘 보이지 않았다. 처음에는 스케치한 것과 건축사진을 가지고 '캘린더'를 제작하여 부동산과 인근 사람들에게 나누어주기도 해보았지만 발품만 팔았을 뿐, 제작비와 수고로움으로 손해를 보기도 하였다. 건축설계에 대한 인식이 서울과는 확연히 달랐고, 그를 개선하고 변화를 하려는 움직임이 적다는 것을 느꼈다.

이러한 어려움들을 뒤로한 채, 나는 지역건축사가 되어 이곳에 적응을 하고 있었다. 설계도면의 가치를 경제논리로 절대평가할 수 없지만 엄연히 '업무대가'에 대한 규정이 있고 이를 지킬 의무가 있음에도 불구하고 먹고 사는 문제에 급급한 나머지 저가 경쟁을 해야 하는 현실이 안타까울 따름이다. 건축물 역시 사람처럼 생애 이력을 가지고 출생(사용 승인)과 사망(멸실 또는 철거)의 과정을 겪는다. 이 과정 속에서 아프면 수술(설계 변경, 증축)을 하고 보수(성형)를 한다. 모든 도서에 대한 책임은 건축사에게 있고 안전사고, 위법, 그리고 유지관리 점검 또한 우리들의 확인과 점검을 통해 이루어져야 한다. 그러나 괜찮겠지하는 안전 불감증으로 인하여 지금 이 순간에도 검증되지 못한 도면이 생산되고 있는 실정이다.

또한 건축사 스스로 자정(自淨)력을 길러내지 않는다면 최근에 자주 보게 되는 안전사고는 늘 발생할 수밖에 없다. 마을을 지키고 도시를 기르는 소중한 역할과 그 큰 의미를 간과한다면 도시의 형태는 차츰차츰 망가지고 말 것이다. 지금이라도 건축의 공공성을 위하여 반성하면서 공정(公正) 건축이 정착되기를 조심스레 기대해 본다.

성공보다
성숙이 먼저야

해가 뜨는 날 사람들은 자신의 시간표대로 노동을 하고, 학습을 하고, 각 분야에서 때로는 경쟁을 하면서 살아간다. 수고하지 않으면 먹을 끼니를 걱정해야 하고, 또 자신이 터득하고 이루어야 할 목표를 향해 나아갈 수가 없다. 느리게 살고 싶어도 다가올 기회와 성공을 위해서 휴식을 누리기엔 세상이 너무 치열하다.

1층에서 옥상으로 가는 길은 두 가지이다.

한 가지는 계단을 통해 하나씩 딛고 올라가는 방법이다. 시간이 많이 걸린다. 내가 움직이지 않으면 절대 올라갈 수 없고 어느 누구도 도와줄 수 없는 나 혼자만의 길이다.

또 한 가지는 기계의 힘을 빌린 엘리베이터이다. 한마디로 수직상승. 서있기만 하면 한 순간에 옥상을 오를 수 있는 최단의 방법이다. 물론 올라가는 동안 고장이라도 나면 모든 게 물거품이 되지만 가장 손쉽게 정상을 오르는 방법이다.

단순히 두 가지에 대해 옳고 그름을 나눌 수는 없지만 여기서 성공으로 향하는 길은 과연 어떤 것일까.

  목적지는 같고, 도착시간만 차이가 나는 두 가지 방법 중에 만약 선택해야 한다면 나는 계단을 통해 오르는 방법을 택할 것이다. 한 번도 땀 흘리지 않고 그냥 가만히 얻은 '성공'은 반쪽짜리 성공에 불과하기 때문이다. 걸어가는 길에 고통을 느끼고, 걸어온 길과 남은 길을 생각하지 않아 이야기가 없는 여정은 '성숙'이 없는 '성공'일 것이다. 느리게 걷는 의미는 자신을 '잃지 않는' 것이기도 하다.

  요즘은 '감성'보다는 '감정'이 먼저인 세상이 된지 오래다. 특히나 현대인들의 감정의 속도는 시간의 속도를 추월한지 오래됐다. 건축이라는 직업의 역동성을 성취감에서 느끼기에는 어렵기 때문에 변화의 곡선 상에서 그렇게 하루하루를 살고 있다. 그 속에서 '품격'을 갖추고 또 지켜내기 위해 사람을 만나고 설득을 하고 이해시키는 과정 속에서 가끔은 '좌절'과 '모멸'을 느끼기도 한다. 내가 집으로 동선(動線)을 옮겨가는 것처럼 모든 것들은 목적지를 향해 진입하고 조금씩 접근한다. 또 다른 길과 다른 결정이 숨어있더라도 내가 택한 길을 의심하지 않고 끝까지 책임질 줄 알아야 하며, 스스로를 믿어야 한다. 이 또한 곡선상에 펼쳐진 또 하나의 콘텍스트(Context)이며 하나의 맥락으로 자리 잡은 것이기 때문이다.

지금도 지구상에 수십억 개의 인생이 각자의 프로세스에 따라 진행되고 있다. 그 모든 인생길은 어느 것 하나 동일하지 않으며 비슷한 것은 하나도 존재하지 않는 걸 보면 나의 인생 역시도 흔치 않은 여정임이 분명하다. 그래서 모든 인생은 독창적이며 가치 있는 삶이 되어야 한다. 그렇게 믿고 싶은 것인지도 모른다.

인생 속에서의 '아픔', '좌절', '비난' 따위도 나의 '최선'에는 아무런 영향을 주지 않는 그 과정이 '최상'은 아니라도 '최선'이었다는 것을 어느 날 알게 될 테니까. 인생의 '오차'를 겪으면서 '성숙'의 의미를 건축을 통해 채워갈 것이다.

이기는 건축과
이기적인 건축

1초만 숨 쉬는 일을 멈추어도 살아갈 수 없다.

사람의 생각과 행동도 마찬가지로, 아무 생각 없이 10분 이상 버틸 수 없다.

'사람과 사람', 내 '가슴과 머리'를 쉬지 않고 소통하지 않으면 모든 것에 지는 것일 뿐만 아니라, 지속성을 만들어낼 수 없고 정지하고 만다.

누구를 위한 것일까. 나 없이도 세상은 문제없이 잘 작동되기에 결국 내가 그 영역 속에서 존재하고자 한다면 지금 이 순간도 창의적인 생각과 바지런함을 보여주어야 한다. 그렇지 않으면 나는 이기지 못하는 건축을 하게 된다. 누군가를 누르고 경쟁에서 이기기 위한 승부욕이 아니라, 내가 하고자 하는 건축 과정 속에서 계획을 세우고 그 길로 흔들림 없이 나아가는 일. 그것이 곧 건축에서 말하는 진정한 '이김'이다.

삶의 절반쯤을 보낸 지금, 내가 생각해야 할 것들을 정리하면서 잠시도 멈추지 않고 흘러가고 있는 시간 앞에서 무엇을 준비해야 할 것인지를 숙려해야 할 것이다. 멋있는 건축, 아니 맛있는 건축을 위해서 요행이나 이기적인 방법이 아닌 '당당한' 건축 만들기에 힘써야 한다. 살아가면서 가장 많은 시간을 보내는 집과 회사에서 어느 한 순간이라도 소중하지 않은 것은 없다. '감정'이 앞서고 '감동'이 없는 작업들은 그저 의미 없는 일상(一相)에 지나지 않을 뿐이다. 아무리 열심히 하여도 후회 없는 삶이란 없다. 서툴고 불안하기 그지없는 나의 하루 속에 흩어진 삶의 퍼즐을 맞추고 하나하나씩 또 한걸음, 한걸음씩 내딛는 오늘이야말로 내가 전혀 이기적이지 않고 지지 않는 건축을 하는 초석이 될 것이다.

나는 중학생 시절 미술반에서 동아리 활동을 하면서 건축과 조금 가까워질 수 있었다. 음악, 체육, 미술을 직업으로 삼는다는 건 우리 집 형편에 엄두도 못 낼 일이었기에 동아리 활동은 스스로 아주 조금 있는 소질을 발견하기 위한 묘책이었다.

건축주를 만나 서로 다른 생각을 하고 있는 것들을 표현하고 소통하기 위해서 그림은 아주 간단하면서도 확실한 수단이 된다. 처음처럼 순백의 예술가로 살고 있는 것은 아닐지라도 나만이 할 수 있는 건축가와 건축주 모두 수긍할 수 있는 공간을 꾸미고자 하는 마음은 예전이나 지금이나 똑같다. 앞으로도 다른 직업으로 갈아타지 않는 한 이 마음은 계속 가져가려 한다.

건축은 '경기'가 아니다. 운동 경기처럼 촌각을 다투며 승부하지도 않고 결승점을 빨리 들어와야 하는 것과 같은 '속도'를 요구하지도 않는다. 조금 더 깊이 생각하고 좀 더 다양한 가능성들을 모아서 한곳에 모아 놓는 일이기 때문이다. 엄마의 반짇고리를 들여다보면, 그 속에는 골무, 바늘, 실패는 물론이고 온통 쓰이기를 기다리는 작은 옷감들과 잡동사니들로 가득하다. 그 변변찮은 것들이 나중에는 '보석'처럼 적재적소에 쓰이는 것처럼 건축도 마찬가지로 모든 것을 조화롭게 사용할 수 있어야 한다.

그래서 오늘 감히 결심해본다. '나를 이기는 건축'을 해보고 싶다고.

공간의 품격에
반하다

주말을 보내고 또 시간은 어제의 그때로, 지난주의 그때로 나를 또 데려왔다. 일터로 나를 내모는 분주한 아침. 경제가 어려워지면서 건설 경기가 침체되고 무엇으로 하루를 채워 넣어야 할지 걱정하면서 오늘은 부산행 기차에 몸을 싣는다.

해보는 데까지는 해봐야지. 모든 관계들이 절대 일방적일 수는 없다. 수직적 또는 수평적 내지는 상호보완적 관계를 통해 이 사회는 돌아가는 법. 그러다가 자신이 없을 때에는 타협하게 되고, 때로는 이겨내지 못할 때가 되면 포기도 할 수 있어야 한다. 연초에 부산의 철강회사에 신사옥과 공장 신축에 대해 디자인학과 교수님과 같이 건축을 자문하게 되었다. 지금 열차 안에서 나를 허락한 의자 하나에 앉으니 지금이야말로 내 자신에게 가장 충실한 시간일지도 모른다는 생각을 했다.

어제의 못 다한 일들을 떠올리면서 초조해하지 않고 내일 다시 돌아와서 해야 할 일들에 대해 순서를 정하고, 어떻게 하면 좀 더 효과적으로 처리를 할지에 대해서도 조목조목 정리를 해본다.

미완성의 하루하루 조각들이 마치 경쟁이라도 하듯이 머릿속에서 해결을 위한 실마리를 요구하고 있다. 기차가 도착할 때쯤이면 깔끔하게 매듭을 지을 수도 없는 일. 그래서 창 너머로 쏜살같이 지나가는 들판, 논밭과 마을들에 시선을 맡기며 새로운 도시를 여행하는 이방인처럼 지금 이 시간을 즐겨야겠다. 광명, 대전, 신경주를 지나 부산을 향하는 열차는 혼자서 겨울비를 뚫고서 무서울 만큼의 속도를 즐긴다.

 격식을 갖춘 건축을 고집하는 게 의미가 있을까 싶다. 남들이 선호하는 외관과 유행을 모방하며 대세에 편승하는 재료의 사용. 그러면서 독창적인 형태를 하나쯤 선보이며 대중의 이목을 끌어보고 싶은 욕심 또는 야심. 하고 싶어도 하지 못하는 것이 일반적이겠지만 건축의 진정한 품격을 위해서 이러한 자세는 반드시 필요하다. 격식을 차리거나 엄청나고 파격적인 디자인을 위해서라기보다 정립되지는 않았지만 작은 건축적 철학을 담아내고 피동적이지 않고 적극적인 태도로 변화하기 위해서다. 꾸며내고 만들어지는 이야기가 아니라, 커다란 건축이라는 항아리 속에 무엇을 진정으로 담고 저장해야 할지를 생각하는 건축가가 되어야 한다.

생각해보면 건축가에게 있어 업무의 시작과 끝을 구분하는 것은 정말 어려운 일이다. 계약이 성사되고 건물이 사용 승인을 마쳐야 건축물은 그제야 비로소 공간으로서의 역할을 시작할 수 있기 때문이다. 또한 사용하면서 잘된 것들과 잘못된 것들을 알 수 있기에 건축은 항상 끝나지 않는 여행 속에 있다.

지금 열차에 몸을 실어 다른 공간으로 이동하면서도 내 지식으로 습득되지 않은 엉뚱하고, 인문학적인 사고의 영역들도 나를 성장시킨다.
일하는 공간, 엄마의 공간, 사색의 공간, 이동하는 공간, ….
교과서와 논문, 시험을 거쳐서 머릿속에 넣은 이론과 현장에서 배웠던 경험으로 보다 생활적이며 한층 더 보편적인 삶의 영역으로 사용자들을 이끌어주는 일을 건축가들이 맡아줘야 한다.

생각해보면, 건축의 품격은 어느 하나로 정의할 수 없다. 정의해서도 안 되지만, '품격'이라는 말이 '격식'을 차린다는 것이 아니기 때문이다. 따라서 품격 있는 건축은 자연스럽게 공간의 의미와 가치를 갖게 된다.

나의 건축 온도
말하지 않는다고 사색이 멈추는 것은 아니다

발행일	2024년 10월 30일 초판 발행
저 자	송원흠
발행인	정용수
발행처	(주)예문아카이브
주 소	경기도 파주시 직지길460(출판도시) 도서출판 예문사
	T. 031) 955-0550 F. 031) 955-0660
등록번호	제2016-000240호

• 이 책의 어느 부분도 저작권자나 발행인의 승인 없이 무단 복제하여 이용할 수 없습니다.
• 파본 및 낙장은 구입하신 서점에서 교환하여 드립니다.
• 예문아카이브 홈페이지 http://www.ymarchive.com

정가 : 16,800원
ISBN 979-11-6386-366-3 03540